Heinz-Lothar Worm

Der Distelfink

Heinz-Lothar Worm

Der Distelfink

BRUNNEN
VERLAG GIESSEN · BASEL

2. Auflage 2006

www.brunnen-verlag.de
Lektorat: Eva-Maria Busch
Umschlagmotiv: Superbild, Berlin
Umschlaggestaltung: Ralf Simon
Satz: Die Feder GmbH, Wetzlar
Herstellung: GGP Media GmbH, Pößneck
ISBN 3-7655-1882-4

Bei Neel daheim

»Kuckuck!« Aus dem Strauch hinter dem verwilderten Garten ertönt der Ruf.

Knarrend öffnet sich die Tür eines alten Fachwerkhauses. Ein kleines Mädchen, etwa acht Jahre alt, barfuß und mit struppigen blonden Zöpfen, huscht zwischen den alten Obstbäumen hindurch auf den Strauch zu. Noch einmal ertönt der Kuckucksruf.

»Ich komme ja schon!«, ruft die Kleine. »Ludwig, hast du mir etwas mitgebracht?«

Der Angeredete, ein dreizehnjähriger Junge mit braunen Haaren und einigen Sommersprossen im Gesicht, richtet sich hinter dem Strauch auf. »Kirschen habe ich gekriegt, die ganze Hand voll. Nimm dir welche davon, aber lass ein paar für meine Mutter übrig.«

»Du hast sie doch nicht gestohlen?«

»Hör mal, ich stehle doch nicht! Nein, ich habe sie geschenkt bekommen. Der Walter hat alle Aufgaben von meiner Tafel abgeschrieben. Zum Lohn hat er mir dafür die Kirschen gegeben.«

»Der ist dumm, der Walter.«

»Dumm schon, aber das macht nichts. Sein Vater ist der reichste Bauer im Dorf. Da kann er ruhig dumm sein.«

Das Mädchen steckt eine der roten Früchte zwischen die Zähne. »Hmm, die schmecken! Hoffentlich kann der Walter morgen seine Aufgaben wieder nicht. Dann kannst du wieder Kirschen kriegen.«

»Ich nehme auch ein Stück Wurst oder etwas Speck für meine Mutter.«

»Marilis, du nichtsnutziges Ding!« Eine zornige Stimme ertönt vom Haus her. »Wo treibst du dich denn wieder herum?

Auf dem Herd brennt das Essen an. Mach, dass du in die Küche kommst!«

»Ich komme schon, Gote, ich komme ja schon«, ruft das Mädchen und eilt durch den Garten zurück ins Haus. Scheltend empfängt es die Gote, wie im Hessischen die Patentante heißt.

Ludwig läuft auf dem schmalen Weg hinter den Hecken am Rand der Gärten dem Haus seiner Mutter zu. Das Haus am Ende des Rasenweges ist uralt, ein baufälliger, windschiefer Holzschuppen, dessen Ritzen sorgfältig mit Moos ausgestopft sind. Die beiden Fenster haben keine blanken, durchsichtigen Scheiben, sondern tragen altertümliche Butzenscheiben, die vor vielen Jahren einmal ein Glasbläser aus grünlichem Glas zu Kugeln geblasen und dann zu runden, kaum durchsichtigen Scheiben mit vielen Schlieren darin zusammengesetzt hat. Hinter dem Gebäude liegt ein großer Garten, in dem es üppig grünt und blüht. Offenbar ist das Land neben dem Bach sehr fruchtbar.

Ein kleiner Anbau am Haus, fast in besserem Zustand als das übrige Anwesen, ist der Stall von Metta, der weißen Ziege. Metta gehört fast schon zur Familie. In jedem Frühjahr beschert sie Ludwig und seiner Mutter ein Lämmchen, das verkauft wird und damit ein wenig Geld in die schmale Haushaltskasse bringt. Im Ziegenstall steht auch ein zweirädriger Karren, auf dem Metta das frische Grün, das sie morgens und abends in ihre Futterkrippe gestreut bekommt, selbst nach Hause ziehen muss. Ludwig oder die Mutter schneiden das Futter mit der Sichel am Wegrain, oder sie streifen Blätter von den Bäumen am Waldrand. Das ist zwar eigentlich verboten, aber die armen Leute tun es alle, und der Förster duldet es stillschweigend, weil es hier im Taunus Bäume genug gibt.

Als Ludwig die knarrende Tür öffnet, meckert die Ziege leise. »Ja, Metta, du kriegst jetzt was«, ruft Ludwig lachend. Er legt die restlichen Kirschen für die Mutter auf den Tisch und läuft zur Stalltür hinter dem Haus. Metta begrüßt ihn laut meckernd, als er eintritt. Er ergreift einen Arm voll Grün und wirft es in die Futterkrippe. Sofort beginnt Metta zu fressen. Dabei lässt sie sich von Ludwig zwischen den Hörnern kraulen. »Mäh-hä-hä-hä! Mä-hä-hä-hä!«, meckert Metta leise, was die reichen Bauernsöhne als »A-a-a-arm Le-e-e-be!« umgedeutet haben, um Ludwig zu ärgern. Aber der macht sich nichts daraus und schweigt, weiß er doch, dass sie allesamt bald wieder zu ihm kommen werden, um von seiner Tafel, einem großen, rechteckigen Schieferstück, die Hausaufgaben abzuschreiben, die er immer spielend leicht erledigt, während sie oftmals dabei ins Schwitzen geraten. Er weiß auch, dass er von ihnen Obst oder Frühstücksbrote mit Wurst, Speck oder Handkäse dafür verlangen kann, einen Lohn, der ihm willig gezahlt wird. Fast alles bringt er der Mutter nach Hause, nur der kleinen Marilis gibt er einen Teil ab, denn die hat es bitter nötig.

Marilis lebt bei ihrer Gote, einer unfreundlichen, gehbehinderten Magd, die bei jeder Gelegenheit darüber jammert, dass sie das Kind ihrer verstorbenen Schwester durchfüttern müsse – sie, die doch selbst kaum etwas zu reißen und zu beißen habe. Vor Jahren schon, als Marilis' Mutter noch lebte und tagelöhnern ging, wie Ludwigs Mutter es auch tut, musste Ludwig täglich am Feldrand auf die Kleine aufpassen, während die Mütter auf dem Feld fleißig schafften. Schnell hatte Marilis sich an ihn gewöhnt wie an einen großen Bruder und ihm schon von weitem die Ärmchen entgegengestreckt, wenn sie ihn erblickte. Unter Ludwigs Aufsicht hatte sie auch das Laufen gelernt. Dabei hatte er ihr immer wieder Kinderliedchen vorgesungen, sodass sie selbst zum Singen ermuntert wurde. Bald sang das kleine Mädchen aus voller Kehle die erste Stimme, während Ludwig dazu die zweite Stimme intonierte.

»Nun hör doch nur, wie wunderschön die Kinder singen«, hatte Marilis' Mutter immer voller Stolz gesagt, wenn sie dem Gesang lauschte. Ludwigs Mutter hatte ihr immer beigepflichtet. Die Gote, die damals meist auch noch auf den Feldern im Tagelohn arbeitete, schnarrte dann barsch herunter: »Brotlose Kunst, die Singerei! Davon kann man nicht satt werden!«

Nun war Marilis' Mutter schon einige Jahre tot. Die Gote hatte das Kind zu sich genommen und ihm sogleich den Umgang mit Ludwig verboten. Ein alter Zwist zwischen ihr und der Neel, wie Ludwigs Mutter hieß, war der Grund. Das hinderte Ludwig aber nicht daran, der Kleinen immer wieder etwas von seinen Einkünften zuzustecken, denn er wusste, dass sie bei der spindeldürren Gote kaum satt zu essen bekam. Er betrachtete die Kleine wie seine jüngere Schwester und fühlte sich für sie verantwortlich.

An seinen Vater kann Ludwig sich kaum noch erinnern, weil der schon zehn Jahre nicht mehr lebt. Was er von ihm weiß, das hat ihm die Mutter erzählt. Als kaum Herangewachsener war der Vater in seiner Heimatstadt Alzey gezwungen worden, Soldat in der Großen Armee des französischen Kaisers Napoleon zu werden. So war er mit bis nach Moskau marschiert, hatte die Stadt brennen sehen, hatte die Niederlagen auf dem Rückzug miterlebt und war schwer verwundet worden. Bis in das kleine Dorf im Hintertaunus hatte er sich noch schleppen können, dann war er zusammengebrochen. Neel, die Tagelöhnerin, hatte Mitleid mit dem halb verhungerten Kranken gehabt und ihn in ihre Hütte aufgenommen, um ihm dort ein würdiges Sterben zu gewähren. Aber der junge Mann starb nicht, sondern genas unter ihrer unermüdlichen Pflege. Irgendwann konnte er sogar wieder aufstehen und mühsam humpelnd auf dem Rasenweg auf- und abgehen. Er erlernte das Besenbinden und das Schnitzen von hölzernen Kochlöffeln, die er einem

Marktbeschicker mitgab, der sie in Limburg auf dem Wochenmarkt feilbot. Viel konnte der junge Kriegsinvalide damit nicht verdienen, aber so hatte er doch das Gefühl, zu seinem Lebensunterhalt beizutragen. Die Neel versorgte ihn mit ihrer Hände Arbeit auf den verschiedenen Bauernhöfen, wo sie ihrer Tüchtigkeit wegen sehr geschätzt war. Dann heiratete der junge Mann die Neel, die an die zehn Jahre älter war als er selbst. Im Jahr darauf war Ludwig zur Welt gekommen, aber schon wenige Jahre später war der Vater an der Brustschwäche gestorben. Ludwig kennt den grünen Hügel auf dem Kirchhof im Nachbardorf, unter dem der Vater jetzt liegt. Die Mutter hat einen Holunderstrauch darauf gepflanzt, der inzwischen schon ein richtiger Baum geworden ist.

Ludwigs Heimatdorf ist klein; so klein, dass es nicht einmal eine eigene Kirche besitzt. Wenn die Einwohner den Gottesdienst besuchen wollen, müssen sie in das fünf Kilometer entfernte Nachbardorf gehen. Dort ist auch der Vater begraben, denn im eigenen Dorf gibt es keinen Kirchhof. Etwa ein Dutzend größerer Bauernhöfe liegen in dem schmalen, von einem Bach durchflossenen Gebirgstal, und etwa ebenso viele Hütten von Tagelöhnern gibt es. Sie liegen an den zum Bergwald hinaufführenden, mit Gras überwachsenen Wegen. Nur wenige Straßen im Dorf sind mit Schotter befestigt.

Größere Siedlungen gibt es weit und breit nicht. Die ehemals freie Reichsstadt Wetzlar liegt genau wie der Bischofssitz Limburg zehn Wegstunden weit weg, und die Universitätsstadt Gießen ist noch ein Stück weiter entfernt. Das weiß Ludwig, weil es der Lehrer in der Schule gesagt hat, selbst gewesen ist er dort noch nirgendwo. Sein Tal hat er, wie viele Bewohner des Dorfes, noch niemals verlassen.

Ludwigs Mutter, die im ganzen Dorf nur »die Neel« genannt wird, kommt oft erst am frühen Abend nach Hause. Sie arbeitet als Tagelöhnerin reihum bei den Bauern des Dorfes. Sie hat den

Ruf, fleißig und obendrein billig zu sein – zumal sie nirgendwo viel isst. Das Essen macht ihr oft keine Freude, denn sie hat einen schwachen Magen. Immer wenn sie fette Speisen oder ein bisschen zu viel gegessen hat, bekommt sie heftige Magenkrämpfe, die aber zum Glück meistens nicht lange andauern. »Das habe ich von meiner Mutter selig geerbt«, erklärt sie dann den anderen Tagelöhnerinnen, die sie mitleidig anschauen, wenn sie sich mit schmerzverzerrtem Gesicht zusammenkrümmt. »Die ist an der Magenschwäche gestorben. Und mir wird es wohl auch einmal so ergehen ...«

Neels große Sorge ist die Hose ihres Sohnes. Eine neue kann sie keinesfalls bezahlen. Deswegen wird die alte Hose, die auch schon nicht neu war, als sie sie von einem fliegenden Händler für wenige Groschen erstand, ständig geflickt und erweitert. Da es aber keinen passenden Stoff mehr gibt, ist sie gezwungen zu nehmen, was sie gerade bekommen kann. Nach und nach ist die Hose immer bunter geworden, weil Neel in ihrer Not auch rote, grüne oder blaue Flicken aufnähen musste.

Die Hose hat dem Jungen bei der Dorfjugend den Namen »Distelfink« eingetragen. Anfangs hat er sich deswegen mit einigen von ihnen geprügelt, dann aber hat er sich besonnen, dass es klüger ist zu schweigen, zu lächeln und das Schimpfwort zu überhören.

Am Abend kommt die Mutter nach Hause. Sie hat für Ludwig ein Stück Brot mitgebracht, einen Teil ihrer Verpflegung, die sie nicht völlig aufgegessen hat. Sie freut sich über die Kirschen und lässt sich von Ludwig erzählen, auf welche Weise er sie bekommen hat.

»Hast du Marilis auch etwas abgegeben?«, fragt sie.

»Aber ja, Mutter, Ihr wisst doch, dass ich alles, was ich bekomme, mit ihr teile.«

»Das tue auch weiterhin so. Es freut mich, wenn du dem kleinen Mädchen gut bist.«

»Das bin ich doch. Ich denke, so wäre ich auch zu meiner Schwester, wenn ich eine hätte.«

»Sollte ich einmal nicht mehr leben, dann schütze du sie vor bösen Menschen und ... und vor ihrer Gote. Versprichst du mir das?«

»Ach Mutter, was sagt Ihr da für seltsame Dinge.«

Neels Augen glänzen. »Versprichst du das?«, fragt sie noch einmal.

»Ich lasse Marilis niemals im Stich. Und deswegen kann ich Euch auch versprechen, mich um sie zu kümmern. Aber jetzt redet nicht mehr davon, dass Ihr nicht mehr lebt.«

»Du hast Recht, mein Junge. Ich will dir lieber erzählen, was ich heute auf dem Feld gehört habe. Du kennst doch den Butter-Kesper?«

»Meint Ihr den Mann, der immer die Butter von den Bauern holt und nach Frankfurt auf den Markt fährt?«

»Genau den meine ich.«

»Was war denn mit ihm?«

»Stell dir vor, neulich kam er spät abends von Frankfurt zurück nach Hause. Seinen leeren Schubkarren hatte er vor sich her geschoben.«

»Meistens ziehen die Leute ihren Schubkarren doch hinter sich her, wenn er leer ist.«

»Richtig. Aber genau das hatte der Butter-Kesper an diesem Abend nicht getan. Als er nun im letzten Dorf vor seinem Heimatort müde wurde und zudem Nebel aufkam, setzte er sich unter einem Baum in seinen Karren und schlief ein wenig. Nach einem Stündchen etwa erwachte er. Verschlafen wie er war dachte er, er hätte den Schubkarren vorher hinter sich her gezogen und ging also in die Richtung, in die die Griffe zeigten. Diesmal zog er wirklich den Karren hinter sich her.«

»Und er hat nicht gemerkt, dass er den gleichen Weg wieder zurückging, den er eben erst gekommen war?«

»Er hat nichts gemerkt, weil der Nebel ihn an der Sicht hinderte. Er kam in sein vermeintliches Heimatdorf, bog um die Ecke zu seinem Haus und stand vor einer Mauer, die am Morgen dort noch nicht gewesen war. Er erschrak fürchterlich und dachte, das könne doch nicht mit rechten Dingen zugehen. Als er sich Hilfe suchend umsah, erblickte er den Nachtwächter. ›Hannes, erzähl mir doch bloß, was hier geschehen ist!‹, redete er ihn vertraulich an. Aber der Nachtwächter war unfreundlich. ›Ich heiße nicht Hannes. Und wer seid Ihr, und was wollt Ihr hier mitten in der Nacht?‹, schnauzte er. Da wurde dann der Butter-Kesper böse. ›Ich wohne hier, aber heute hat jemand die Gasse vermauert‹, rief er. Kurz und gut, ein Wort gab das andere, und dann wäre fast eine Schlägerei daraus geworden, weil jeder sich im Recht fühlte und den anderen für einen Betrüger hielt.«

»Und sie haben noch immer nicht gemerkt …«

»Doch. Zum Glück schlug die Glocke. Da erkannte der Butter-Kesper, dass er sich gar nicht in seinem Heimatdorf befand. Schnell packte er seinen Karren und verließ den Ort des Missverständnisses.«

»Ist er denn jetzt wenigstens in die richtige Richtung gelaufen?«

»Das muss wohl der Fall gewesen sein, denn er ist ja schließlich daheim angekommen. Er hat die Geschichte selbst erzählt.«

»Das war nicht gerade klug von ihm, denn jetzt lachen ihn alle Leute aus.«

»Ach, das scheint ihm gleichgültig zu sein. Er lacht immer mit.«

Erntezeit

Die Sommersonne scheint seit Tagen vom wolkenlosen Himmel. Von früh bis spät sind alle Bewohner des Dorfes mit der Getreideernte beschäftigt. Die Männer und jüngeren Frauen schneiden das Korn mit Sicheln, die älteren Frauen und Kinder bündeln die liegende Pracht zu Garben und stellen sie zu »Hausten« auf. Das sind immer sechs bis acht Garben, die gegeneinander gelehnt werden, sodass sie auch bei stärkerem Wind nicht umfallen können. Die Ähren sollen jetzt richtig trocknen, bevor sie in die Scheunen eingefahren werden.

Neel und Ludwig sind schon seit dem frühen Morgen auf den Beinen. Der Schulze hat sie bestellt, denn er will ein am Abhang zum Wald gelegenes Feld abernten. In der Frühe, wenn es noch kühl ist, kann man weitaus besser und schneller arbeiten als in der Mittagshitze. Mutter und Sohn haben zu Hause nicht gefrühstückt, weil es auf dem Feld zum Zehnuhrläuten, nach einem gemeinsam gebeteten Vaterunser immer eine reichhaltige Vesper gibt. Hier darf kräftig zugelangt werden, denn nur wer gut isst, kann auch gut arbeiten. Ludwig hat dem Brot und dem Quark tüchtig zugesprochen, aber Neel kann keinen Bissen herunterbringen.

»Mir ist nicht gut im Magen«, entschuldigt sie sich. Nicht einmal trinken mag sie. »Das kommt von der frühen Hitze«, erklärt sie den anderen.

Aber das kann es wohl nicht alleine sein, denn als die Arbeit nach dem Frühstück wieder aufgenommen wird, verzieht sie das Gesicht vor Schmerzen. Plötzlich stößt sie einen lauten Schmerzensschrei aus und sinkt zu Boden. Ludwig springt herbei und bemerkt, dass die Mutter das Bewusstsein verloren hat.

Die Frauen betten Neel auf einige Garben, fächeln ihr Luft zu, öffnen den obersten Knopf ihres Hemdes, aber die Ohnmächtige erlangt das Bewusstsein nicht wieder.

»Hier in der Sonne kann die Neel nicht liegen bleiben«, sagt der Schulze. »Tragt sie nach Hause, aber beeilt euch! Heute Abend muss das Korn geschnitten sein.«

Ein Knecht und eine alte Magd fahren mit der Bewusstlosen nach Hause. Man hat sie behutsam auf einen Pferdewagen gebettet. Ludwig läuft mit hängendem Kopf neben dem Fahrzeug her. Das letzte Stück muss die Besinnungslose getragen werden, denn der Weg zu Neels Haus ist so schmal, dass ein Pferdewagen dort nicht umwenden könnte.

»Mä-hä-hä-hä!«, begrüßt die Ziege die Ankömmlinge. Aber Ludwig hört heute nicht darauf und krault sie auch nicht zwischen den Hörnern. Er sorgt dafür, dass die Mutter auf ihr Lager gelegt wird. Als der Knecht und die alte Magd gegangen sind, taucht Ludwig einen Lappen in kaltes Wasser und legt ihr den aufs Gesicht. Immer wieder kühlt er das Gesicht der Mutter, das merkwürdig grau aussieht, und immer wieder ruft er sie an: »Mutter! So hört mich doch! Öffnet die Augen!«

Es dauert bis zum Abend. Da erst kommt die Mutter zu sich. Sie stöhnt vor Schmerzen.

»Mutter, sagt doch, was mit Euch ist«, bittet Ludwig.

»Der Magen«, flüstert die Mutter, »er brennt wie Feuer!«

Ludwig kühlt nun den Bauch der Mutter. Das scheint die Schmerzen zu lindern, sie schläft schließlich ein. Es ist schon ganz dunkel geworden. Jetzt erst denkt Ludwig an die hungrige Metta. Er bringt Futter in den Stall und melkt die Ziege. Die Milch trinkt er gierig und isst dazu ein Stück trockenes Brot.

Am nächsten Morgen ist die Mutter zwar bei Bewusstsein, aber sie stöhnt vor Schmerzen. Ludwig mag sie nicht allein lassen, aber dann füttert er doch schnell die Ziege und isst ein Stück trockenes Brot.

Die Mutter ist jetzt ruhiger geworden und scheint eingeschlafen zu sein. Da kann Ludwig es wagen, eine kurze Zeit außer Haus zu gehen. Er läuft ins Dorf, um Hilfe zu holen, aber das Dorf ist wie ausgestorben. Alle Leute, die nur irgendwie mit anpacken können, sind auf den Feldern, um bei dem prächtigen Wetter die Ernte einzuholen. Auf den Bauernhöfen trifft er nur alte Leute an, die an der Feldarbeit nicht mehr teilnehmen können.

»Ach ja, die Neel«, nickt eine alte Magd, als er vom Unglück seiner Mutter berichtet, »das tut mir Leid für sie. Komm, ich gebe dir etwas Buttermilch und gequellte Kartoffeln. Das wird sie schon wieder auf die Beine bringen.«

Froh stürmt Ludwig mit dem Milchtopf und den Kartoffeln nach Hause. Er weckt die Mutter. »Ihr müsst jetzt etwas essen«, fordert er sie auf. »Die alte Sann aus dem Berghof hat gesagt, das würde Euch wieder auf die Beine bringen.«

»Die Sann meint es gut«, antwortet die Mutter. »Ich will versuchen, ob ich die Buttermilch vertrage. Und du bist ein lieber Bub.«

Die Buttermilch bekommt ihr überhaupt nicht. Die Magenkrämpfe setzen sofort ein, nachdem die Neel ein paar Schlucke davon zu sich genommen hatte. Ludwig presst ihre Hand. Die Tränen laufen ihm über das Gesicht.

Als die Mutter sich wieder etwas beruhigt hat, stiehlt er sich davon. Er will ins Nachbardorf zum Pfarrer gehen und ihn um Hilfe bitten.

Der Pfarrer ist noch ein junger Mann. Erstaunt sieht er den Jungen an, der da mit gesenktem Kopf vor seiner Tür steht. »Bist du nicht der Distelfink?«, fragt er freundlich.

»Ja, der bin ich, Herr Pfarrer«, flüstert Ludwig und versucht sich nicht darüber zu ärgern, dass sogar der Geistliche das Schimpfwort kennt, das ihm die Kinder hinterher rufen. »Ich bitte um Verzeihung, aber meine Mutter ist schwer krank. Deswegen bin ich zu Euch gekommen.«

»Soll ich deine Mutter besuchen? Sicherlich hat sie nach mir verlangt.«

»Das nicht«, stammelt Ludwig verlegen. »Sie ... sie weiß doch gar nicht, dass ich zu Euch gelaufen bin.«

»Ist es recht, dass ein Kind einfach von daheim fortläuft, ohne dass die Mutter es weiß?«

»Nein, sicherlich nicht, aber ... aber, wenn sie gewusst hätte, dass ich hierher zu Euch laufe, dann ... dann hätte sie es bestimmt verboten. Aber sie konnte ja gar nicht reden vor Schmerzen.«

»Komm herein.« Der Pfarrer winkt den Jungen mit der bunt geflickten Hose zu sich ins Studierzimmer. »Erzähl mir doch genau, was mit deiner Mutter los ist!«

»Sie hat so fürchterliche Magenkrämpfe, dass sie kaum sprechen kann. Und ich habe jetzt gar nichts mehr zu essen für sie. Weil sie doch nicht arbeiten kann. Da kriegt sie nichts von den Bauern. Aber sie kann doch nicht gesund werden, wenn sie nichts zu essen bekommt.«

»Das ist richtig«, nickt der Pfarrer.

»Deswegen habe ich gedacht ... ich wollte Euch schön bitten ... Vielleicht habt Ihr hier ein wenig Essen für die Mutter übrig. Viel braucht sie ja nicht. Sie ist immer gleich satt ...«

»Du bist ein braver Bub, Distelfink, dass du dich so sehr um deine Mutter sorgst. Habt ihr denn keine Verwandten im Ort? Du bist doch noch so jung! Ich meine, da muss doch eine Frau zu finden sein, die die Pflege deiner Mutter übernehmen könnte.«

»Wir sind ganz allein, die Mutter und ich. Der Vater lebt schon lange nicht mehr.«

»Nun gut, dann sollst du von jetzt ab jeden Mittag mit einem Topf kommen und dir etwas zu essen für deine Mutter abholen. Heute soll die Resi, die mir den Haushalt führt, gleich eine Hafersuppe kochen. Und für morgen soll sie eine kräftige Hühnerbrühe zubereiten. Da muss deine Mutter doch wieder zu Kräften kommen.«

»Ich danke Euch, Herr Pfarrer. Vergelt's Gott!«

»Schon gut, mein Junge. Da muss aber auch der Arzt zu Rate gezogen werden. Wenn er in die Gegend kommt, werde ich ihn beauftragen, nach deiner Mutter zu sehen.«

»Aber wir haben doch kein Geld für den Doktor. Der darf nicht nach der Mutter schauen! Weil wir es nicht bezahlen können.«

»Lass das nur getrost meine Sorge sein, lieber Distelfink. Am wichtigsten ist es doch, dass die Mutter wieder gesund wird.«

»Ja, ja«, stammelt Ludwig.

»Und jetzt wollen wir in der Küche mal nach dem Rechten sehen. Eine Hafersuppe ist schnell zubereitet. Hast du denn überhaupt schon etwas gegessen?«

»Ich ... gegessen? Ja, eigentlich nein, nur ein wenig trockenes Brot.«

»Na, dann musst du dringend mitgehen und dich umschauen, ob sich da etwas findet, das dir schmeckt.«

Ludwig weiß gar nicht, wie ihm geschieht, als er in der Küche des Pfarrhauses vor einem Teller mit Brot und Schmalz sitzt. Der Pfarrer ermutigt ihn, tüchtig zuzugreifen. Zwar hat ihm die etwas herrschsüchtige Resi zugeraunt, er solle sich von dem Betteljungen doch ja nicht einwickeln lassen, der stamme von ganz armen Leuten ab und sei sicherlich nur gekommen, um zu stehlen. Aber der junge Pfarrer hat dazu nur gelacht und ihr gesagt, dass er es darauf ankommen lassen wolle. Da hat sie nur mit den Schultern gezuckt.

Nachdem Ludwig sich satt gegessen hat, hält es ihn nicht mehr im Pfarrhaus.

»Ich bin schon viel zu lange daheim von der Mutter weg«, entschuldigt er seinen hastigen Aufbruch. Der Pfarrer entlässt ihn mit guten Worten, einem Segenswunsch und einem Gruß an die Mutter. Mit einem Topf voll Hafersuppe eilt Ludwig heim.

Die Mutter liegt mit geschlossenen Augen auf dem Bett. Als sie Ludwig hört, wendet sie ihm den Kopf zu.

»Mutter, schaut, was ich Euch bringe! Einen Topf mit Hafersuppe vom Pfarrer und einen Gruß von ihm dazu.«

»Ja, bist du denn beim Pfarrer gewesen?«

»Freilich und ich darf morgen wieder kommen. Dann kocht seine Resi für Euch sogar Hühnersuppe.«

»Nein, dass ich so etwas noch erleben darf! Essen aus dem Pfarrhaus! Für mich gekocht!«

»Mutter, jetzt sollt Ihr aber nicht lange reden, sondern Eure Hafersuppe essen. Ich wärme sie nur etwas auf dem Herd.«

Ludwig entfacht ein Feuer in dem Lehmziegelherd und stellt den Topf auf die Feuerstelle. Er rührt, damit die Suppe nicht anbrennt, dann holt er einen Holznapf und füllt der Mutter etwas hinein. Er bringt ihr die Suppe ans Lager und reicht ihr auch einen hölzernen Löffel dazu. »Und nun lasst es Euch munden.«

Die Mutter kostet ein wenig und schluckt es hinunter. Sie stöhnt leise.

»Vertragt Ihr es besser?«, fragt Ludwig ängstlich.

»So sehr weh wie beim letzten Essen tut es nicht. Aber Schmerzen im Magen habe ich doch noch.«

Nach ein paar Löffeln mit Hafersuppe will die Mutter die Mahlzeit beenden. Das lässt Ludwig aber nicht zu. »Essen aus der Pfarrersküche muss aufgegessen werden«, erklärt er unnachgiebig. Die Mutter seufzt und isst trotz zunehmender Schmerzen tapfer weiter. Schon um ihrem Sohn gegenüber nicht als undankbar zu erscheinen.

Täglich läuft Ludwig nun um die Mittagszeit ins Pfarrdorf. Und jedes Mal bringt er einen Topf voll leicht verdaulicher, aber dennoch kräftigender Speise für die Mutter mit.

Ludwig versteht nicht, warum die Mutter so oft Tränen in den Augen hat, wenn er mit dem Topf in die Stube tritt. »Du bist ein guter Bub«, sagt sie manchmal gerührt. »Der liebe Gott soll es dir in deinem Leben vergelten, was du für deine arme Mutter getan hast.«

»Ach, das tue ich doch gerne«, wehrt Ludwig ab.

Nach knapp einer Woche steht der Doktor plötzlich in der Stube. Der Pfarrer hat ihn geschickt. Er untersucht die Mutter genau, drückt ihr auf Brust und Bauch herum, bis sie vor Schmerz aufschreit. Dann wendet er sich an Ludwig.

»Hier kann ich gar nichts machen. Deine Mutter muss so schnell wie möglich nach Gießen in die Klinik gebracht werden, damit man sie dort operieren kann. Alles andere hilft nicht.«

»A-a-aber …«, stottert Ludwig.

»Kein Aber! Besorgt einen Wagen, ladet die Frau darauf und schafft sie in die Klinik. Und wartet nicht zu lange. Ich schreibe dir geschwind ein paar Zeilen für die Herren Doctores in der Universitätsstadt.«

Und schon ist der Doktor wieder weg.

»Ich hole einen Wagen«, ruft Ludwig der Mutter zu, als er gleich nach dem Arzt das Häuschen verlässt. Aber draußen wird ihm recht bange zumute. Immer noch wird überall auf den Feldern geerntet. Ob da jemand Zeit hat, die Mutter nach Gießen zu fahren?

Seine Befürchtungen bestätigen sich. Niemand hat Zeit, die Neel in die Universitätsstadt zu transportieren. Ein Kleinbauer verlangt für die Fahrt einen Batzen Geld, den Ludwig nicht hat. Arbeitsausfall, Futter für die Pferde, das alles soll bezahlt werden. Verzweifelt läuft Ludwig wieder zum Pfarrer, bei dem er heute schon einmal gewesen ist, und klagt ihm seine Not. Aber der Pfarrer hat kein Fuhrwerk daheim. Und Geld? Geld besitzt auch er nicht. Er weiß auch, dass Ludwig keinen Menschen finden wird, der seine Mutter unentgeltlich kutschiert.

Auf dem Heimweg lässt Ludwig sich Zeit. Die Lage ist ganz und gar aussichtslos. Was soll er tun? Und wie soll er der Mutter beibringen, dass sich niemand gefunden hat, der sie in die Stadt fährt?

Als er schon fast wieder zu Hause angekommen ist, sieht er im Garten der Gote ein helles Kleidchen durch die Blätter schimmern. Er ruft wie der Kuckuck. Sofort kommt die kleine Marilis an den Zaun.

»Du hast mir schon ein paar Tage nichts mehr zu essen gebracht«, wirft sie ihm vor und zieht einen Schmollmund.

»Die Mutter ist schwer krank, da habe ich ans Essen nicht gedacht«, entschuldigt sich Ludwig. »Und jetzt muss ich versuchen, einen Wagen zu bekommen, der die Mutter in die Klinik bringt. Einen Wagen und einen Kutscher!«

»Aber Ludwig, du hast doch einen Wagen.«

»Ich? Einen Wagen mit Pferden?«

»Nein, nicht mit Pferden, aber mit der Ziege«, sagt die Kleine treuherzig.

»Ach du Dummerchen, das geht doch nicht, der Wagen ist viel zu klein ... aber ... ja, das geht vielleicht doch! Marilis, du bist ... richtig ... gescheit!«

Mit einem Luftsprung rennt Ludwig dem Häuschen der Mutter zu und lässt die verblüffte Marilis einfach stehen.

Fahrt nach Gießen

»Mutter!« Er stürmt er in das kleine Zimmer, sodass die Mutter erschreckt auffährt. »Mutter, ich weiß nun, wie ich Euch nach Gießen schaffen kann.«

»Hast du einen Bauernwagen gefunden?«

»Nein, das nicht, aber den brauchen wir auch gar nicht. Wir haben doch den Wagen von der Ziege.«

»Den Wagen von der Ziege? Der ist doch viel zu kurz.«

»Ich kann ihn länger machen.«

Die Mutter lächelt. »Ach mein lieber Bub …«

Schon ist Ludwig draußen. Er schaut das wacklige Gefährt an. Auf einer Achse, die in zwei hohe hölzerne Reifen mündet, ruht eine Holzpritsche. Vorne daran ist eine Deichsel, an der man das Geschirr der Ziege befestigen kann. Der Wagen ist kurz, aber er könnte ja zwei Bohlen darauf nageln, sodass die Ladefläche länger würde. Bohlen? Die hat er auch nicht. Da fällt sein Blick auf den Ziegenstall. Der besteht ja aus langen, verwitterten Bohlen. Er braucht nur zwei davon loszureißen. Wenn er anschließend mit dem Wagen wieder nach Hause kommt, kann er die Bretter genau dort wieder anbringen, wo er sie abgerissen hat.

Gedacht, getan. Mit einigen rostigen Nägeln, die er zuvor schön gerade geklopft hat, nagelt er die Bohlen fest. Nun muss er seitlich noch etwas anbringen, damit das Bettzeug und die kranke Mutter nicht herunterfallen. Auch dafür liefert der Ziegenstall die Bretter. Der ist nun zwar etwas winddurchlässig, aber nach der Heimkehr wird er alles wieder in Ordnung bringen.

Als Letztes prüft er noch die hölzernen Räder, die von einem Eisenband umspannt sind. Die eisernen Bänder sind beide recht wacklig und könnten sich während einer längeren Fahrt lösen. Ludwig nagelt sie ebenfalls fest an. Wenn er morgen früh alle Decken, die sich im Haus befinden, auf den Wagen packt, müsste die Mutter einigermaßen bequem darauf liegen können, selbst während einer so langen Fahrt. Ein Pferdefuhrwerk benötigt zehn Stunden, um in die Universitätsstadt zu gelangen. Wenn er sich zusammen mit der Ziege einspannte, würde er wohl etwas länger brauchen als ein richtiger Gaul. Aber es müsste in einem Tag klappen. Sollte es regnen, dann würde die Mutter nass werden. Aber vielleicht gibt es ja morgen keinen Regen … Heute hat doch auch die Sonne geschienen.

Als das Gefährt für die Reise vorbereitet ist, geht er noch einmal zum Schulzen.

»Ich bringe die Mutter morgen in aller Frühe fort nach Gießen. Ich nehme den Wagen von unserer Ziege.«

»Aber Distelfink, das geht doch nicht. Das klapprige Ding ist doch viel zu klein«, lacht der Schulze.

»Ich habe es schon lang genug gemacht«, entgegnet Ludwig. »Das wird schon gehen.«

Der Schulze kratzt sich hinter dem Ohr. »Alle Hochachtung, Junge«, denkt er. »Du gibst mal einen tüchtigen Burschen. Dich werde ich in Dienst nehmen. Jemand, der so entschlossen zupackt ...«

Laut sagt er: »Na gut. Der Doktor hat dir auf einem Zettel etwas für die Ärzte in der Klinik aufgeschrieben. Ich schreibe dir nun eine Bescheinigung von der Gemeinde, dass du unterwegs nach Gießen bist und dass die Gemeinde die Kosten für den Aufenthalt in der Klinik und natürlich die Operationskosten übernimmt, weil ihr arme Leute seid. Und unten schreibe ich dazu, dass sie euch unterwegs etwas zu essen geben sollen.«

»Ich danke Euch, Schulze«, sagt Ludwig, nachdem ihm der Bürgermeister die Bescheinigung ausgestellt hat.

»Ist schon gut, Distelfink! Vergiss nur nicht, die beiden Zettel einzustecken, bevor du losfährst!«

Flink macht sich Ludwig auf den Heimweg. Hinter dem Garten von Marilis' Gote ahmt er den Kuckucksruf nach. Es ist schon spät, aber die Kleine huscht zu ihm heran.

»Ich habe nichts zu essen für dich, Marilis«, empfängt Ludwig sie. »Ich wollte dir nur sagen, dass ich morgen früh die Mutter mit dem Ziegenwagen nach Gießen bringe. Du hast mich doch auf die Idee gebracht ... Ich weiß auch noch nicht, wann ich wiederkomme.«

»Bitte bring mir etwas mit, Ludwig, ja?«

»Na klar bringe ich dir was mit.«

»Was denn?«

»Lass dich einfach überraschen.«

»Aber es soll etwas sein, was gut schmeckt.«

»Ja, da will ich schon Obacht geben.«

»Ich bin gespannt, wann du wiederkommst.«

»Bis dann, Marilis!«

»Ja, Ludwig, ich freue mich.«

Als Ludwig nach Hause zurückgekehrt ist, sind der Mutter Bedenken gekommen.

»Ich weiß nicht, das kann doch nicht gut ausgehen, Ludwig. Du bist viel zu jung für eine so lange Reise. Ob die Ziege das schafft? Und weißt du denn überhaupt den Weg nach Gießen?«

»Ich bin doch schon fast vierzehn Jahre alt. Da bin ich bestimmt nicht zu jung. Und die Ziege kann ja zwischendurch immer mal ausruhen und fressen. Dann schafft sie das bestimmt. Ihr müsst Euch keine Sorgen machen.«

»Aber du kennst den Weg doch gar nicht. Du bist ihn noch nie gegangen.«

»Aber ich habe in der Schule gut aufgepasst. Unser Lehrer hat den Weg genau erklärt. Außerdem kann man ja die Leute fragen.«

»Ich weiß nicht recht, mein Junge ...«

»Aber ich weiß, Mutter. Wenn wir beim Morgengrauen aufbrechen, dann könnt Ihr morgen Abend schon in der Klinik sein.«

Die Mutter hat zwar noch Einwendungen, aber dann ist sie doch zufrieden, dass Ludwig nicht nachgibt. Sie würden sich also früh im Morgengrauen auf den Weg machen.

Ludwig wirft der Ziege alles vorhandene Futter hin. »Du musst jetzt tüchtig fressen, Metta. Wir beide haben einen weiten Weg vor uns. Und dann musst du auch gut ausgeschlafen sein.«

Er selbst isst trockenes Brot, weil er nichts anderes mehr hat. Dann legt er sich schlafen.

Er schläft aber schlecht in dieser Nacht. Immer wieder wird er wach und lauscht ängstlich, um den ersten Hahnenschrei bloß nicht zu überhören. Als der Hahn kräht, steht er auf und weckt die Mutter.

»Zieht Euch warm an«, rät er ihr, denn er merkt, dass die Morgenluft kalt ist. Dann schleppt er das dünne Bettzeug hinaus und legt es auf den Wagen. Danach spannt er die Ziege ein. Zuletzt führt er die Mutter heraus und lässt sie sich auf dem seltsamen Gefährt niederlegen. Hammer und Nägel hat er eingesteckt, falls unterwegs an seinem Wagen etwas kaputt gehen sollte. Zuletzt kontrolliert er, ob er die beiden Zettel bei sich hat.

»Können wir losfahren?«, fragt er die Mutter.

»Ja, in Gottes Namen«, antwortet diese.

Auf der steinigen Dorfstraße rumpelt der ungefederte Wagen sehr. »Oh … ach!«, stöhnt die Neel fortwährend, aber dann kommen sie auf die Chaussee. Die ist nicht so steinig. Auf dem weicheren Boden beruhigt sich die Neel und schläft sogar ein.

Ludwig zieht und schiebt abwechselnd. Metta muss aber immer wieder eine Pause machen und ruhen. Sie nascht dann schnell ein wenig Grün am Wegesrand. Ludwig merkt nun, dass er keine Schuhe hat. Obwohl seine Füße daran gewöhnt sind, auf dem blanken Erdboden zu laufen, tun sie ihm schon bald weh.

Schon haben sie das Nachbardorf erreicht. Es ist früh, Menschen sind noch nicht zu sehen, aber die Hofhunde kläffen wie toll, als das seltsame Fahrzeug mit knirschenden Rädern durch das Dorf fährt. Auch im nächsten Dorf gibt es keine Probleme, aber dann lachen und gaffen die Leute.

Die Kinder laufen hinter Ludwig her, und die Hunde gebärden sich wie unsinnig. Ludwig ist froh, als er endlich aus dem Dorf hinauskommt. Er lässt sich äußerlich nichts anmerken, aber das Herz klopft ihm bis zum Hals.

Schließlich – die Sonne hat den Zenit schon längst überschritten – kommt er in die große Stadt Wetzlar. Der Weg führt mitten durch die Stadt hindurch. Am Domplatz kommt ein Gendarm auf ihn zu und fragt barsch: »Weißt du nicht, dass Zigeuner draußen vor der Stadt bleiben müssen und erst hereinkommen dürfen, wenn sie die Erlaubnis dazu erhalten haben?«

Ludwig schluckt.

»Also mach, dass du so schnell wie möglich aus der Stadt verschwindest!«

»Aber ich bin doch kein Zigeuner!«, stößt Ludwig hervor.

»Das sagt sich leicht. Hast du Papiere?«

Dass Ludwig nicht gleich daran gedacht hat. Er holt das zusammengefaltete Schreiben des Bürgermeisters aus der Tasche, entfaltet es umständlich und überreicht es feierlich dem Gendarm. Inzwischen hat sich eine Traube von Menschen um das merkwürdige Fahrzeug und den Jungen mit den bunt geflickten Hosen versammelt. Jeder möchte wissen, was es mit diesen Besuchern auf sich hat. Und in Windeseile verbreitet sich die Kunde in der Stadt, dass ein Junge aus einem abgelegenen Taunusdorf seine kranke Mutter auf einem Ziegenwagen nach Gießen in die Klinik schaffen will und nun schon Wetzlar erreicht hat ...

»So einen Jungen, das lob ich mir. Der hat Tatkraft!«, sagt ein Mann zu den Umstehenden.

»Wie alt bist du denn?«, fragt ein anderer. Ludwig nennt sein Alter.

»Steht nicht auf dem Schreiben, dass man dir zu essen geben soll? Ich kaufe dir drüben beim Metzger eine Wurst.«

Ludwig traut seinen Augen nicht, als der Mann tatsächlich mit einer geräucherten Wurst und einem Stück frischen Brotes zurückkommt und ihm beides überreicht.

Einige Frauen haben sich kurz mit der Mutter unterhalten. Man sieht ihr an, so sind sich die Wetzlarer Frauen einig, dass sie schwer magenleidend ist. Eine Frau holt ein Fläschchen Magenwein herbei und gibt es der Mutter. Außerdem bekommt sie ein Stück Fleisch von einem gekochten Huhn zur Speise. Und selbst die Ziege wird nicht vergessen, denn ein Knecht wirft ihr frisches Grün hin. Zum Schluss bekommt Ludwig noch zwei süße Brezeln überreicht. Aber die will er nicht selber essen, sondern der kleinen Marilis mitbringen.

Frohgemut und gestärkt ziehen sie weiter. Obwohl der Weg nur ganz wenig ansteigt, kommen sie nur noch langsam voran, denn Metta und Ludwig sind müde. Endlich erblicken sie die Türme der Universitätsstadt, und mit neuer Kraft schaffen sie auch noch die letzte Etappe. Sechzehn Stunden hat die Reise gedauert.

Ludwig wird ganz ängstlich zumute, denn so viele Menschen und so breite Straßen und so viele bedrohlich große Häuser hat er noch niemals gesehen. Wie soll er hier die Klinik finden? Immer mehr Menschen werden auf ihn und sein Fahrzeug aufmerksam, gaffen, lachen und zeigen mit Fingern auf ihn.

Er wendet sich an einen Mann und fragt, wo es zur Klinik geht. Der Mann ist misstrauisch, ruft einen Gendarm herbei. Ludwig muss nochmals seinen Zettel vorzeigen, und da wird der Gendarm auf einmal ganz freundlich, ja er scheint sogar regelrecht gerührt zu sein.

Eine vornehme Dame wird auf die beiden aufmerksam, hält eine Pferdekutsche an und fordert Ludwig und die Mutter auf, einzusteigen und das letzte Stück ihres Weges in der Kutsche zurückzulegen.

»Die Mutter soll einsteigen«, sagt Ludwig daraufhin. »Vielen Dank, aber ich möchte Metta nicht allein lassen.«

»Metta ist deine Ziege?«, fragt die vornehme Dame.

Ludwig nickt.

»Dann soll die Kutsche mit deiner Mutter ganz langsam vorneweg fahren, und du folgst mit deiner Ziege nach«, schlägt die Dame vor. Ludwig ist einverstanden.

Hilfreiche Hände helfen der Neel beim Einsteigen in die Kutsche. Sie will sich zunächst nicht auf die schönen Polster setzen, weil sie fürchtet, die könnten durch ihre alten Kleider beschmutzt werden. So fahren sie vor der Klinik vor – in einer Pferdekutsche und mit einem Ziegenwagen.

Ludwig zeigt an der Pforte seine beiden Zettel. Da geht alles ganz schnell. Im Handumdrehen liegt die Mutter in einem weißen Bett. Ärzte stehen um sie herum und schütteln die Köpfe über ihren Zustand, vor allem aber über die tolle Fahrt, die sie hinter sich hat. Gleich morgen soll die Neel operiert werden.

Der Pförtner, ein freundlicher Mann, der selbst viele Kinder sein Eigen nennt, kümmert sich um Ludwig. Es dauert nicht lange, da kommen einige Schwestern und wollen ihm die Füße waschen und salben. Er hat noch nie Frauen in Schwesterntracht gesehen und fühlt sich in ihrer Nähe etwas unbehaglich.

»Zuerst muss ich noch für Metta sorgen«, wehrt er ihre Fürsorge ab. »Wo kann sie denn heute Nacht wohl bleiben?«

Der Pförtner, noch immer überwältigt von der Tat dieses Jungen, beruhigt ihn: »Deine Geiß hat ein Nachtlager in der Klinikswaschküche bezogen. Und zu fressen hat sie schon mehr bekommen, als sie bewältigen kann.«

Aber Ludwig hat keine Ruhe. Er überzeugt sich mit eigenen Augen, dass Metta gut untergebracht ist, krault ihr den Kopf zwischen den Hörnern und stellt ihr Wasser zum Saufen hin. Erst danach dürfen die Schwestern seine Füße behandeln, ihm zu essen geben und ihn in ein weiches, weißes Bett stecken. Er schläft sofort ein.

Am nächsten Morgen schaut Ludwig sich nach dem Erwachen erstaunt um. Wo ist er denn hier? Es dauert eine Weile, bis er sich besinnen kann, dass er ja diese Nacht in der Klinik in Gießen verbracht hat. Er will eben in seine bunt geflickte Hose schlüpfen, um nach Metta zu sehen, als eine liebe ältere Schwester vor seinem Bett erscheint.

»Diese Hose kannst du aber nicht hier in der Stadt anziehen«, sagt sie freundlich. »Deswegen habe ich dir eine andere Hose besorgen lassen. Du sollst sie geschenkt haben.«

Ludwig ist sprachlos. Eine neue Hose! Aus wunderschönem braunem Stoff. Er starrt die Hose an. Die soll er haben? Geschenkt? Wie im Traum steigt er hinein. Und er zeigt sich damit stolz wie ein König, dem man gerade den Krönungsmantel umgelegt hat.

»Die muss ich meiner Mutter zeigen«, ruft er und läuft davon. Er hat ganz vergessen, sich zu bedanken, aber die freundliche Schwester hat Verständnis dafür und lächelt.

Die Mutter hat in ihrem weißen Bett gut geschlafen. Sie darf heute Morgen nichts essen, denn noch am Vormittag soll sie in den Operationssaal kommen.

Ein jüngerer Arzt kommt auf Ludwig zu. »Du also bist der tapfere junge Mann, der seine Mutter aus dem Taunus mit einem Ziegenwagen hergeschafft hat?«

Ludwig nickt.

»Weißt du, es wird lange dauern, bis deine Mutter nach der Operation wieder genesen ist. Wenn du die ganze Zeit über hier bei ihr bleibst, würde sie sich um dich Sorgen machen; das würde sie immer wieder neu erregen. Und das wäre ihrer Heilung gar nicht dienlich. Sie braucht dann viel Ruhe, denn sie hat alle ihre Kraft nötig, um wieder gesund zu werden.«

Wieder nickt Ludwig.

»Und deswegen haben wir gedacht, es ist das Beste, wenn du jetzt gleich wieder nach Hause zurückkehrst. Unser Pförtner hat schon einen Fuhrmann ausfindig gemacht, der dich auf seinem Wagen mitsamt deinem Ziegengespann bis in die Nähe deines Heimatdorfes mitnimmt.«

»Aber ... aber ... ich darf doch die Mutter vorher noch einmal sehen und mich verabschieden?«, stammelt Ludwig.

»Natürlich darfst du das. Aber jetzt sollst du erst einmal gut frühstücken.« Das lässt Ludwig sich nicht zweimal sagen.

Dann darf er die Mutter besuchen. Bei ihrem Anblick erschrickt er ein wenig, denn zu Hause hat er gar nicht bemerkt, wie abgemagert sie aussieht, wie gelb die Haut im Gesicht ist. Plötzlich steigt eine unglaubliche Angst in ihm auf, die Angst, er könnte die Mutter nicht wiedersehen. Ihm kommen die Tränen, und auch die Mutter beginnt zu weinen.

»Gott soll dich segnen in deinem ganzen Leben, mein lieber Junge. Er soll dir vergelten, was du an mir getan hast«, schluchzt sie. Ludwig jammert immer wieder: »Mutter, liebe Mutter!«

»Bleib ehrlich und gut, und bete immer zu Gott! Dann wirst du gesegnet sein. Ach mein lieber Junge, wenn ich nur wüsste, wie es dir ergehen wird ...« Ludwig umarmt die Mutter und küsst sie.

Zwei Schwestern führen den weinenden Jungen vom Bett der Mutter weg. »Deine Mutter muss sich jetzt beruhigen, denn sie soll nachher operiert werden«, erklären sie ihm. Er sieht das ein.

Bald steht der Fuhrmann vor der Klinik. Kräftige Hände heben Ziege und Ziegenwagen auf das ansonsten leere Fuhrwerk. Ludwig steigt ebenfalls auf, und los geht's. Da vergisst Ludwig seinen Abschiedsschmerz und schaut fröhlich von oben auf die Leute herab, an denen sie vorbeifahren.

Am frühen Abend langt das Fuhrwerk im Nachbardorf seines Heimatortes an. Ludwig lädt Ziege und Wagen ab und begibt sich erst einmal zum Pfarrer. Der macht große Augen, hat er doch von Ludwigs Unternehmen, die Mutter selbst in die Klinik zu schaffen, gar nichts gewusst. Er sorgt dafür, dass der Junge sich erst einmal stärken kann, bevor er endgültig den Heimweg antritt.

Auf dem Weg hinter dem Garten pfeift er. Kurz darauf steht Marilis am Zaun.

»Du hast mir etwas mitgebracht, gelle, Ludwig?« Der Junge nickt.

»Hier sind zwei Brezeln aus Wetzlar.«

Das Kind strahlt, steckt die Hände zwischen den Zaunpfählen hindurch und greift nach den Backwaren. In jeder Hand hält es eine Brezel.

»Danke, Ludwig, du bist immer so lieb. Ich habe mich schon den ganzen Tag gefreut, dass du mir etwas mitbringst.«

»Iss die Brezeln nur schnell auf, damit die Gote sie nicht sieht. Sonst bekommst du sie am Ende noch weggenommen.«

Das ist für Marilis ein schrecklicher Gedanke. Mit vollen Backen kaut sie. Ludwig schaut zu, bis auch das letzte Bröckchen in dem kleinen Mund verschwunden ist. Dann erst geht er nach Hause, führt Metta in ihren Stall, füttert sie und legt sich gleich schlafen.

Am nächsten Morgen reißt Ludwig die Bohlen und Bretter vom Ziegenwagen herunter und repariert Mettas Verschlag. Im Garten gibt es Beeren und auch Karotten, sodass er seinen Hunger stillen kann. Am Tag darauf kann er mit einem Bauern aufs Feld zur Arbeit gehen und so sein Essen verdienen.

Nach einigen Tagen kommt der Schulze zu ihm. Er hat einen Brief erhalten. Einen Brief aus der Klinik.

»Setz dich, Distelfink!«, befiehlt er. Ludwig will eigentlich antworten, dass er jetzt doch eine schöne braune Hose habe und gar kein Distelfink mehr sei, aber da beginnt der Schulze schon zu lesen.

»Wir teilen Euch mit, dass die Patientin Maria Cornelia Kraft am 12. August um 16.15 Uhr in unserer Universitätsklinik in Gießen an den Folgen der schweren Operation gestorben ist.« Was er nicht laut vorliest, ist die Mitteilung, der Leichnam der Verstorbenen sei der Anatomie der Universität zur Verfügung gestellt worden, sodass der Gemeinde keine Kosten für die Operation und die Pflege in Rechnung gestellt werden.

Aber Ludwig hört sowieso nicht mehr zu. Er fängt laut an zu schreien, zu schluchzen, zu toben. »Nein, nein, nein, das ist nicht wahr. Die Mutter soll nicht tot sein. Niemals!«

Der Schulze erschrickt über diesen Gefühlsausbruch und wundert sich insgeheim, dass dieses Bettelpack so aneinander hängt und sich anscheinend wirklich lieb hat.

»Wir müssen überlegen, was nun mit dir geschehen soll, Distelfink!«, sagt er, als Ludwig sich etwas beruhigt hat. »Du kannst natürlich nicht allein bleiben.« Dann geht er. Ludwig rennt in den Stall und schmiegt sich an Metta.

Am Abend kommt der Pfarrer, der die schlimme Nachricht ebenfalls gehört hat. Ludwig ist froh über die Nähe des Mannes. Der versucht ihn zu trösten, aber es gelingt ihm kaum.

»Schau mal, mein Junge, nun hat deine Mutter keine Schmerzen mehr. Sie ist jetzt ein schöner Engel im Himmel und bittet Gott, dass er ihren lieben Jungen segnen möge.«

Ludwig hört die Trostworte, aber er fragt: »Warum hat der liebe Gott denn nicht dafür gesorgt, dass die Mutter wieder gesund wird? Wenn er doch alles machen kann, warum hat er das denn nicht gemacht?« Und wieder schluchzt er laut auf.

Dem Pfarrer wird klar, dass Ludwig mit der Mutter alles verloren hat, seine Familie und sein Heim. Er weiß sich keinen anderen Rat, als ihm zu erzählen: »Weißt du, abends, wenn die Sonne untergeht, dann kannst du ihr Grüße an die Mutter mitgeben. Sie geht ja nachts im Himmel schlafen. Und da kann sie die Grüße dann deiner Mutter ausrichten.«

Kaum ist der Pfarrer gegangen, da steigt Ludwig auf einen Baum. Er will der Sonne möglichst nahe sein. »Liebe Sonne, nimm Grüße an meine Mutter mit in den Himmel. Sag ihr, dass ich traurig bin, weil sie nicht mehr da ist. Aber ich bin ja auch froh, dass sie keine Schmerzen mehr auszuhalten braucht. Sag ihr das bitte auch, liebe Sonne!«

Auf dem Bachhof

»Ludwig, fass mal mit an!«, sagt Len, die alte Magd. »Hilf mir, die Tafel für die Abendsupp' zu richten.«

Zuerst werden die beiden Böcke aufgestellt. Dann wird eine breite, alte Holzplanke darüber gelegt. An jedem Sitzplatz ist eine Vertiefung eingeschnitzt. Das ist der »Teller«, in den für jeden die Suppe geschöpft wird. Ludwig stellt die Schemel vor den Tisch, immer dort, wo eine Vertiefung in der »Tafel« ist. Die Magd holt den Korb mit den Löffeln. Jetzt muss nur noch der Suppentopf auf den Tisch, dann kann das Gesinde zum Abendessen hereinkommen. Drei Mägde nehmen Platz und zwei Knechte. Der Bauer, seine Frau, die Kinder und andere Familienangehörige essen an einem gesonderten Tisch in der Stube.

Heute gibt es eine Gemüsesuppe mit Speckgrieben, dazu kräftiges Bauernbrot. Jeder nimmt sich einen Löffel aus dem Korb. Der älteste Knecht spricht den Abendsegen, aber so schnell und undeutlich, dass man ihn gar nicht verstehen kann. Als er Amen gesagt hat, beginnt Len die Suppe auszuschenken. Mit dem Topf und einer eisernen Kelle geht sie von Platz zu Platz und füllt die Vertiefungen in der Holztafel mit Suppe. Ein Teller mit Brot wird herumgereicht, von dem jeder sich ein Stück nehmen darf.

Alle löffeln eifrig und essen Brot dazu. Ein Stück Brot muss man jedoch übrig lassen, denn damit wird von jedem zum Schluss noch die Vertiefung in der Holztafel sauber ausgewischt. Die Len liebt es nämlich nicht, wenn sie nach der Mahlzeit die Vertiefungen mit einem Tuch auswischen muss. Auch die Löffel werden nach der Mahlzeit sorgfältig abgeleckt und in den Korb zurückgelegt.

Der Bauer und seine Familie haben Wurst, Käse und Speck zum Essen. Für das Gesinde dagegen wird jeden Abend eine Suppe gekocht. Nur am Sonntag bekommt auch das Gesinde gekochtes Fleisch vorgesetzt. Zum Frühstück gibt es Brot und Pflaumenmus, das hier »Quetschehoink« (Zwetschenhonig) genannt wird. Dazu trinkt man eine Art Kaffee aus getrockneten und gerösteten Möhrenstückchen. Tagsüber gibt es Buttermilch zu trinken. Mittags wird meistens ein Topf mit Pellkartoffeln gekocht, die vor dem Verzehr in Salz und Quark gedippt werden.

»Wie lang ist deine Mutter schon tot, Ludwig?«, möchte Len wissen. »Schon länger als ein halbes Jahr«, antwortet Ludwig.

»Gehst du ab und zu mal in euer Haus?«, fragt Len weiter.

»Ich habe alles abgeschlossen«, antwortet Ludwig. »Was soll ich denn da? Die Metta haben sie ja verkauft, und den Garten bestellt jetzt eine Nachbarin, Marilis' Gote.«

»Na ja«, Len zuckt die Schulter, »nach Ostern wirst du doch konfirmiert. Dann wird für dich sowieso alles anders. Hier, fass mal an!«

Gemeinsam heben sie nach dem Essen die hölzerne Tafel von den beiden Böcken und stellen sie an die Wand. Die Tafel ist nun im wahrsten Sinne des Wortes »aufgehoben«.

Ludwig hat sich das Sprechen abgewöhnt. Es geht ihm nicht gut hier auf dem Hof. Nach dem Tod der Mutter wurde er, ohne gefragt zu werden, in den Bachhof gewiesen. Hier, so hatte der Schulze angeordnet, solle er bleiben bis zur Konfirmation. Kostgeld sollte der Bachbauer für ihn nicht bekommen, Ludwig war ja kräftig und konnte für sein Essen und die Unterkunft arbeiten. Zur Familie des Bauern hat der Junge wenig Kontakt. Er gehört zum Gesinde wie ein Jungknecht, aber Jungknecht kann er erst werden, wenn er konfirmiert ist. Und dann, so hat der

Schulze angedeutet, soll Ludwig vielleicht auf den Schulzenhof kommen.

Das wäre ja alles nicht so schlimm, wenn da nicht der alte Knecht Karl wäre. Der mag ihn ganz offensichtlich nicht leiden, ständig hat er etwas auszusetzen. Er kann es auch nicht mit ansehen, wenn Ludwig einmal nichts arbeitet. Fortwährend hat er Aufträge für ihn. Sobald er aus der Schule kommt, ruft er ihn barsch zu sich und gibt ihm irgendwelche erniedrigenden Arbeiten. Am meisten ärgert es ihn jedoch, dass der Knecht immer wieder Distelfink zu ihm sagt, obwohl er doch gar keine bunte Hose mehr hat. Ludwig lässt sich alles stillschweigend gefallen.

Einmal, als Karl ihn wieder grundlos ausgeschimpft hat, ist Len zu ihm gekommen und hat ihm zugeraunt, er solle sich das nicht so zu Herzen nehmen. Das sei eine alte Geschichte. Der Karl habe früher seine Mutter, die Neel, gern gehabt, aber die habe nichts von ihm wissen wollen. Da habe er zuletzt einen Zorn auf sie bekommen und versucht, ihr das Leben schwer zu machen. Als sie dann den jungen Soldaten, seinen Vater, heiratete, habe Karl dafür gesorgt, dass sie niemals auf dem Bachhof als Tagelöhnerin habe arbeiten dürfen.

Ludwig versucht sich zu erinnern. Bei allen Bauern des Dorfes ist seine Mutter willkommen gewesen. Nur auf dem Bachhof war sie niemals. Damals ist es ihm nicht aufgefallen, aber jetzt kennt er den Grund.

Schlecht geht es ihm auch, weil er neuerdings stehlen muss. Er muss es tun, weil der Marilis sonst Schläge drohen – eine vertrackte Situation. Wie ist es dazu gekommen?

Die Kleine hatte ihn in der Schule, wenn die Gote sie überhaupt dorthin gehen ließ, immer wieder gefragt, ob er nichts für sie zu essen hätte. Oft steckte er sich ein Stück Brot ein, das er ihr mitbrachte. Marilis verschlang es dann immer heißhungrig. Man konnte sehen, dass sie bei ihrer Gote wenig zu essen bekam, denn sie war dünn und blass und hatte dunkle Ringe um die Augen.

»Kannst du mir auch Wurst mitbringen?«, fragte die Kleine einmal. Aber Wurst konnte er nicht so ohne weiteres einstecken. Abends gab es meistens Suppe und Brot. Das Wurststückchen, das er beim Essen gelegentlich von Karl widerwillig zugeteilt bekam, war klein. Und er konnte sich dann oft nicht zurückhalten, denn ihm knurrte selbst der Magen.

Einmal hatte er ein Stück alte Blutwurst in die Hosentasche gesteckt und es Marilis mitgebracht. Sie freute sich riesig darüber und steckte es gleich ganz in den Mund. Die harte Wurst war aber nicht so schnell zu zerkauen und herunterzuschlucken. Als Marilis von ihrer Gote plötzlich ins Haus gerufen wurde, bemerkte die alte Frau, dass die Kleine irgendetwas kaute. Marilis musste alles ausspucken, was sie im Mund hatte. Die Gote forschte nun so lange nach, bis sie herausgebracht hatte, woher das Wurststück stammte.

Ludwig hatte hinter den Büschen am Gartenrand gewartet, ob Marilis vielleicht noch einmal wiederkäme, wie sie es manchmal machte, wenn es ihr gelang, der Gote zu entwischen. Aber diesmal kam die Gote selbst in den Garten, die weinende Marilis an den Zöpfen hinter sich herschleifend.

»Woher hast du die Wurst, du nichtsnutziger Bengel?«, zeterte sie.

Als Ludwig nicht antwortete, meinte sie: »Du hast sie im Bachhof gestohlen.«

»Nein, ich habe die Wurst nicht gestohlen«, widersprach Ludwig. »Ich stehle nicht.«

»So?«, meinte die Gote daraufhin. »Und wie kommst du sonst daran?«

»Die habe ich zur Abendsupp' bekommen.«

»Und dann bringst du sie dieser undankbaren, frechen Kröte?«

»Die Marilis ist keine freche Kröte.«

»Ach, schwätz nichts daher!« Die Augen der Gote wurden zu hässlichen kleinen Schlitzen. »Ihre Mutter und ihr Vater sind hinterlistige untreue Kreaturen gewesen. Ihr Vater war eigentlich mein Bräutigam. Aber meine Schwester hat sich an ihn herangemacht und ihn für sich gewonnen, obwohl sie genau gewusst hat, dass ich ihn heiraten wollte. Sie hat mir, ihrer einzigen Schwester, den Bräutigam weggenommen – kurz vor der Hochzeit. Und er war ebenso treulos und hat sich dieser Ehrvergessenen an den Hals geworfen. Aber der Herrgott hat sie beide gestraft. Ihr Vater ist im Wald beim Holzfällen von einem Baum erschlagen worden und ihre Mutter lebt auch nicht mehr. Und ich muss nun das wertlose Kind dieser beiden nichtswürdigen Menschen durchfüttern …«

Ludwig unterbrach ihren Redefluss. »Aber die Marilis kann doch nichts dafür. Und sie ist Eure Nichte.«

»Du redest, wie deine Mutter, die Neel, immer geredet hat. Deswegen habe ich sie nicht leiden mögen. Aber die hat der Herrgott nun auch gestraft.« Ein breites, hasserfülltes Grinsen zieht über das Gesicht der Frau. »O ja, sie konnte schön reden, die Neel. Und immer wollte sie das Rechte tun. Als ob sie etwas Besseres wäre. Und stehlen, nein, das tat sie nicht. Sie war genau wie du, mein Bürschchen. ›Ich stehle nicht.‹ Das wollen wir doch mal sehen. Von nun an wirst du uns, dieses elende Balg und mich, mit Wurst, Eiern und Butter versorgen. Wo du es hernimmst, ist mir egal, beim Bachbauern gibt's genug davon. Nimm dir einfach was und bring es uns!«

»Niemals!«, wollte Ludwig da schreien. »Niemals! Was würde da meine Mutter sagen?«

»Ha, die sagt nichts mehr.«

»Ich stehle trotzdem nicht!«

»Na gut. Aber dann hat die Marilis schwere Tage. Ich warte immer bis zum Samstagabend. Wenn du bis dahin die Woche über nichts zu essen hergebracht hast, werde ich sie verprügeln. Und sie wird schreien, dass du es bis auf den Bachhof hören kannst.«

»Warum seid Ihr so gemein zu ihr?«

»Ihr Vater und ihre Mutter waren auch gemein zu mir. Also, was ist nun? Wirst du zu essen bringen? Du hast einen Narren an dem wertlosen Ding gefressen, das weiß ich. Wenn du willst, dass ich sie nicht schlage, dann stiehl! Butter, Eier, Wurst, Speck! Hast du verstanden?«

Marilis fing laut an zu weinen. Grob zog die Gote ihr an einem Zopf. »Hör auf zu plärren, du dumme Gans!«

»Aber, ich ... ich kann gar nicht stehlen«, stieß Ludwig zitternd hervor, als er die ganze Tragweite des Vorschlags erfasste.

»Ach, das lernt sich schon«, meinte die Gote spöttisch. »Du bist doch ein gescheiter Junge. Und du wirst dich schon nicht erwischen lassen.«

»Ich kann ... ich kann nicht ...« Ludwig wurde es richtig übel bei dem Gedanken, dass er ein Dieb werden sollte. Da schoss es ihm durch den Kopf, dass er der Mutter ja kurz vor ihrem Tod versprochen hatte, sich immer um die Marilis zu kümmern. Gehörte dazu auch, dass er stehlen musste, um sie vor Schlägen zu bewahren? Er war so ratlos. Was würde die Mutter dazu nur gesagt haben? Vielleicht sollte er alles dem Lehrer erzählen? Oder dem Pfarrer?

»Also ...«, drängte die Gote, »willigst du ein?«

Er nickte, konnte es aber nicht verhindern, dass ihm die Tränen in die Augen stiegen.

Wie ein geprügelter Hund schlich er zurück auf den Bachhof. Wortlos warf er sich auf seinen Strohsack und zog sich die Pferdedecke über den Kopf. Die Bachbäuerin hatte ihm als Kammer den Verschlag unter der Treppe zugewiesen, wo zuvor alte Schuhe und Küchengeräte aufbewahrt wurden, die man nicht alle Tage brauchte. Als Ludwig dort einzog, hatte man alles Gerümpel herausgeräumt und eine Bettstelle mit einem Strohsack hineingestellt. Der Verschlag mit der Bettstelle darin war gerade so groß, dass sich die knarrende Tür eben noch schließen ließ.

Ludwig träumt unter der Pferdedecke mit offenen Augen. Ist das alles Wirklichkeit gewesen? Er soll jetzt für die Gote stehlen. Und wenn er das nicht tut, dann muss es die Kleine büßen. Nein, das darf auf keinen Fall geschehen. Ist die Marilis nicht der einzige Mensch, der ihm nahe steht? Sie ist wie seine Schwester, und er will nicht, dass sie geschlagen wird. Deshalb wird er jetzt zu stehlen beginnen. Heute noch nicht ... und morgen auch nicht ... Aber es dauert nicht mehr lange bis zum Samstagabend. Bis dahin muss er der Gote etwas von dem bringen, was sie verlangt hat. Stehlen soll er ... Schon der Gedanke daran lässt ihm das Herz im Halse schlagen.

Und dann geht es gar nicht so schwer. Er wird nämlich fast täglich ausgeschickt, die Eier zu suchen, die die Hühner im Garten und in den Hecken gelegt haben. Sie haben zwar einen Stall mit Verschlag zum Schlafen und Eierlegen, aber den suchen sie auch im Winter nur selten auf. Viel lieber übernachten sie auf den Bäumen und legen ihre Eier im Gesträuch näher und ferner vom Hof ab. Das Eiersuchen ist daher eine langwierige Sache, die man gern den Jüngsten überträgt.

Als Len ihm den Auftrag gibt, die in den Büschen versteckten Eier zu suchen, hat Ludwig seinen Plan bereit. Er wird zwei davon nicht in der Küche abliefern, sondern in seinen Verschlag bringen. In einer dunklen Ecke hinter seinem Bett ist ein Spalt, in dem sich die Eier unterbringen lassen.

Mit einem Spankorb macht er sich auf den Rundgang rings ums Haus. Die Hühner haben, abgesehen von dem eingezäunten Gemüsegarten, überall Zutritt. Sie laufen frei im angrenzenden Gelände herum. Das hat den Vorteil, dass sie weniger gefüttert werden müssen, weil sie sich, angeführt von ihrem Hahn, draußen zum Teil selbst versorgen. Ludwig achtet darauf, aus welchem Busch er lautes Gackern hört, denn so verrät eine Henne, dass sie ihrer Pflicht als Eierlegerin gerade nachgekommen ist. Jetzt gegen Ende März hat die Legefreudigkeit der Hühner beachtlich zugenommen – ob sie wohl das Osterfest, das ja bekanntlich auf Eier nicht verzichten kann, heranahen fühlen?

Ludwig steckt sich vorsichtig zwei Eier in die Hosentaschen, und liefert die anderen im Spankorb bei Len ab. Er hat sich vorgenommen, sich nichts anmerken zu lassen. Und Len merkt wirklich nichts. Sie sieht nicht seinen roten Kopf, hört nicht, wie heftig er atmet, und dass er fast nicht sprechen kann, entgeht ihr auch. Gleich anschließend huscht der Junge in seinen Verschlag und versteckt die beiden Eier. Er atmet auf. Gut fühlt er sich nicht, nur irgendwie erleichtert. So macht er es auch an den folgenden Tagen, sodass er bis zum Samstag sechs Eier gesammelt hat.

Am späten Samstagnachmittag sagt er zu Len: »Ich schaue im Haus meiner Mutter mal nach dem Rechten.« Und Len meint: »Tu das, Junge, aber sei zum Füttern nachher rechtzeitig zurück!«

Vorsichtig, um ja keins zu zerdrücken, legt Ludwig die Eier in Hosen- und Jackentaschen. Obwohl er am liebsten schnell rennen möchte, um vom Bachhof wegzukommen, geht er mit ganz langsamen, gemächlichen Schritten, um seine zerbrechliche Fracht ja nicht zu gefährden.

»Es ist schrecklich, ein Dieb zu sein«, denkt Ludwig. »Das mache ich niemals wieder.«

Kaum ist er hinter dem Haus der Gote angelangt, lässt er den Kuckucksruf ertönen. Die flinke Marilis kommt ihm entgegen gesprungen. »Hast du etwas mitgebracht, Ludwig?«

»Freilich, Marilis«, sagt Ludwig. »Ich will doch nicht, dass die Gote dich schlägt.«

»Ach, die schlägt mich doch sowieso«, seufzt Marilis.

»Dann komm wenigstens öfter in die Schule. Dort kann sie dir nichts anhaben.«

»Aber die Gote lässt mich nicht gern dorthin gehen. Sie behauptet, Schreiben und Lesen seien brotlose Künste. Davon kann man nicht satt werden, sagt sie.«

»Was habt ihr denn da zu schwätzen?«, ruft die Gote missbilligend, während sie herangehumpelt kommt. »Na, mein Junge, was hast du uns gebracht?«

»Eier«, antwortet Ludwig, »sechs Eier habe ich für Euch.«

»Gib sie her!«

Vorsichtig holt Ludwig eins nach dem anderen aus den Taschen und legt sie in die knochigen Hände der alten Frau.

»Für den Anfang nicht schlecht«, lobt sie ihn, »aber in Zukunft möchte ich auch Wurst, Butter und Speck sehen.«

Ludwig schluckt und will etwas antworten, aber sie schneidet ihm das Wort ab. »Ich will nichts hören. Es bleibt bei unserer Absprache. Die Marilis, dein Schätzchen, hat nichts zu befürchten, wenn du samstags etwas ablieferst.«

»Ja, ja ...«, murmelt Ludwig. Er schaut Marilis an. »Wie klein sie ist, und wie elend sie aussieht«, denkt er. Marilis blickt ihm in die Augen und fängt an zu schluchzen.

»Ludwig ...«, beginnt sie.

»Schweig, du Kröte!«, fährt die Gote sie an.

Auf dem Heimweg beschließt Ludwig, mit dem Lehrer zu sprechen. Der ist streng, aber er mag Ludwig, weil er ein guter Schüler ist. Von Zeit zu Zeit kommt der Lehrer in den Bachhof zum Essen. Er bekommt fast kein Geld für seine Mühen mit den Kindern; stattdessen liefert man ihm Holz für den Ofen in seiner Stube, und er hat das Recht, reihum bei den Bauern essen zu gehen.

Am Morgen auf dem Schulweg nimmt Ludwig sich vor, nach Unterrichtsschluss mit dem Lehrer zu reden. Er will versuchen ihm zu erklären, in welcher Zwickmühle er sich befindet. Im Rahmen der Vorbereitung auf seine Konfirmation, die bald im Nachbardorf stattfinden soll, wurde gestern über das siebte Gebot gesprochen. Auf seine Tafel hat er geschrieben, was im kleinen Katechismus Dr. Martin Luthers steht und was er auswendig lernen soll: »Du sollst nicht stehlen. Was ist das? Wir sollen Gott fürchten und lieben, dass wir unsers Nächsten Geld oder Gut nicht nehmen, noch mit falscher Ware oder Handel an uns bringen, sondern ihm sein Gut und Nahrung helfen, bessern und behüten.«

Der Lehrer hat erklärt, dass jeder Mensch unser »Nächster« ist. Dann ist auch die Marilis meine Nächste, überlegt Ludwig, genauso wie der Bachbauer. Dem soll er nichts nehmen, das steht fest. Aber er soll doch auch der kleinen Marilis helfen, ihre Nahrung zu bessern. Und das kann er nur tun, indem er stiehlt. Ach, das ist alles so schwierig! Und trotzdem: Diebstahl bleibt Diebstahl, auch wenn es sich nur um ein paar Eier handelt. Er kann und will dieses Stehlen auf Befehl nicht durchhalten.

Das alles will er dem Lehrer sagen. Als die paar Kinder des Dorfes den Schulraum schon verlassen haben, bleibt Ludwig zurück.

»Hast du noch ein Anliegen, Ludwig?«, fragt der Lehrer ihn freundlich.

»Ich wollte Euch …«, Ludwig bleiben die Worte im Halse stecken. »Es ist wegen heute … äh … was ich heute auf meine Tafel geschrieben habe. Ich wollte Euch bitten …«

Wieder bricht Ludwig ab. Es geht einfach nicht.

»Was wolltest du mich bitten?«

»Ach, nichts, Herr Lehrer«, murmelt Ludwig verlegen. Er macht schnell kehrt und läuft aus dem Klassenraum.

»Ich kann es dem Lehrer nicht sagen«, überlegt Ludwig. »Ich kann es überhaupt niemandem sagen. Auch dem Pfarrer nicht. Aber …« und plötzlich schrickt er zusammen, »dann kann ich nicht hier bleiben. Dann muss ich fort. Und die Marilis muss ich mitnehmen.«

Er bleibt auf dem Weg stehen. Zu schrecklich ist die eben gewonnene Erkenntnis. Ja, er muss fort, fort von diesen Menschen, die ihn zum Stehlen zwingen, nur damit er der Marilis, dem einzigen Menschen, den er noch hat, Essen besorgt und Schläge erspart. Hier ist ein menschenwürdiges Leben nicht möglich. Gleich nach der Konfirmation wird er fortlaufen, ausrücken, irgendwohin. Vielleicht nach Amerika, denn davon hat der Lehrer oft erzählt.

Aber die Marilis muss er mitnehmen; die kann er bei der Gote nicht lassen. Wenn er konfirmiert worden ist, steht die warme Jahreszeit vor der Tür. Dann kann man draußen übernachten. Wenn er aufpasste und vorsichtig zu Werke ginge, könnte es ihm gelingen, auf ein Schiff zu kommen, das nach Amerika fährt. Die Zeit bis zur Konfirmation wird er schon überstehen …

Am nächsten Samstag bringt er der Gote wieder sechs Eier mit. Sie ist durchaus erfreut, zumal sie keine eigenen Hühner hat, fordert ihn aber deutlich auf, beim nächsten Mal eine Wurst mitzubringen.

Ludwig weiß, dass die Würste im oberen Stockwerk in der Wurstkammer aufbewahrt werden. Wo sich diese Wurstkammer befindet, weiß er allerdings nicht genau, denn er ist noch nie die Treppe hochgegangen, unter der er seinen Verschlag hat. Er muss also zweierlei schaffen: zuerst die Wurstkammer finden und dann auch noch eine Wurst daraus entwenden. Fast die ganze Woche lässt er verstreichen, weil er Angst davor hat, erwischt zu werden.

Am Freitag, als im Stall gerade gefüttert und gemolken wird und alle an der Arbeit sind, wagt er den Weg nach oben. Zuvor hat er sich in der Waschküche hinter dem Kessel versteckt, damit Karl ihn nicht zur Arbeit heranziehen kann. Zwar hörte er mehrmals, dass sein Name gerufen wurde, aber er stellte sich taub. Als er sicher ist, dass alle im Stall sind, huscht er leise ins Haus zurück und schleicht die Treppe hinauf.

Im ersten Stock findet er nur Schlafräume, aber von dort geht noch eine schmale Stiege nach oben. Sie führt direkt zur Wurstkammer, der so genannten ›Deiß‹. Die Tür knarrt scheußlich, als er sie öffnet, und Ludwig lauscht erst einmal atemlos, ob vielleicht doch einer unten im Haus ist. Hastig greift er eine längliche Leberwurst, steckt sie sich unter das Hemd, schließt die Tür, die wieder laut knarrt, und läuft leise die Treppen hinunter. Unten steht die Len.

»Was machst du denn oben im Haus?«, fragt sie mehr erstaunt als misstrauisch.

Ludwig senkt den Kopf. »Ich dachte … Ich wollte …«

»Du hast doch oben überhaupt nichts verloren. Lass mal sehen!«

Len fühlt an seinem Hemd. »Was ist denn das?« Ihre Augen weiten sich vor Schreck. »Sag mal, hast du etwa eine Wurst aus der Deiß geholt? Schämst du dich denn nicht?«

Sie packt Ludwig am Arm und versucht ihn aus dem Haus hinüber in den Stall zu ziehen. »Das muss der Bauer wissen. Komm mit!«

Draußen auf dem Hof reißt Ludwig sich plötzlich los. In großen Sprüngen rennt er dem nahen Waldrand entgegen. Das Geschrei der entrüsteten alten Magd gellt ihm in den Ohren. Er flüchtet sich auf eine große Buche, in deren dichten Zweigen er vollständig verdeckt ist, wie er hofft. Das Herz klopft ihm bis zum Hals. Bestimmt werden gleich alle ausschwärmen und nach ihm suchen. Aber alles bleibt still.

Bis zum Einbruch der Dämmerung bleibt er auf dem Baum sitzen. Dann schleicht er geduckt zum Haus der Gote und ahmt den Kuckucksruf nach. Kurz darauf läuft Marilis durch den Garten auf ihn zu.

»Wir müssen sofort weg von hier«, raunt er ihr zu. »Sie haben mich erwischt.«

Vom Haus her hört man die Gote schimpfen. »Warum rennst du fort, du Kröte? Komm sofort zurück!«

»Komm mit, Marilis, wir gehen weit weg zu besseren Menschen. Nach Amerika oder sonst wohin. Gib mir deine Hand, dann kannst du schneller laufen!«

Marilis lächelt ihn vertrauensvoll an. Ludwig weiß immer das Richtige zu tun, denkt sie. Er hat ihr noch nie etwas Böses getan. Ihm kann sie blind vertrauen.

Im Wald

Hand in Hand rennen die beiden in den Wald hinein. Sie verschnaufen erst, als sie weit weg sind von ihrem Dorf.

»Ludwig, gehen wir nie mehr nach Hause zurück?«, fragt Marilis, als sie ein wenig zu Atem gekommen ist.

»Nie mehr«, antwortet Ludwig.

»Dann schlägt mich die Gote auch nicht mehr?«

»Wie sollte sie – wenn du nicht zu Hause bist?«

»Soll ich dir zeigen, wo sie mich gestern geschlagen hat? Hier, schau mal!« Marilis streift den linken Ärmel ein wenig in die Höhe. Der Unterarm ist blutunterlaufen. »Da hat sie mich mit dem Besenstiel getroffen, weil ich etwas Wasser verschüttet habe.«

Ludwig streichelt über den Arm. »Tut es immer noch weh?«

»Nur wenn ich darauf drücke, sonst nicht.«

»Das ist jetzt alles vorbei, Marilis. Jetzt schlägt dich niemand mehr.«

Nach einer kleinen Pause setzen die beiden ihre Wanderung fort. Ludwig weiß vom Lehrer, dass in östlicher Richtung dichte Wälder und keine großen Städte liegen. Dort will er sich erst einmal mit Marilis verstecken. Er weiß, dass man ihnen mit Hunden nicht nachstellen kann. In den wildreichen Wäldern würden Hunde die Spur von Menschen gleich verlieren, weil sie die Witterung von Rehen, Hirschen, Wildschweinen und anderen Waldtieren in die Nase bekämen und diese dann verfolgten. In Städten könnte man sie dagegen aufgreifen, ausfragen und am Ende gar wieder in ihr Dorf zurückschaffen.

In ein paar Tagen will er versuchen, die Universitätsstadt Gießen zu erreichen. Dort, so sagt er sich, gibt es freundliche Menschen. Er erinnert sich noch gut an die vielen hilfsbereiten Leute, als er mit der schwer kranken Mutter auf dem Ziegenkarren dort angekommen ist. Gewiss kann ihnen dort jemand helfen, nach Amerika zu kommen …

Inzwischen ist es fast dunkel geworden. Aber es sind keine Wolken am Himmel, sodass der Mond den Waldweg schwach erhellt.

»Ludwig, wenn wir nicht nach Hause zurückgehen, wo sollen wir denn heute Nacht schlafen?«, fragt auf einmal Marilis mit einem ängstlichen Unterton in der Stimme.

»Wir bleiben heute Nacht hier im Wald. Sonst finden sie uns und holen uns zurück.«

»Aber wir haben hier doch kein Haus und kein Bett.«

»Wir legen uns nebeneinander, da wird uns schon warm.«

»Und was wollen wir essen? Ich habe jetzt Hunger.«

»Da mach dir keine Sorgen. Ich habe eine Wurst mitgebracht.«

»Wirklich? Ach Ludwig, du denkst an alles.«

»Lass uns erst ein gutes Nachtlager suchen, dann essen wir!«

»Weißt du denn schon, wo wir schlafen können?«

»Ja, pass auf: Dieser Weg führt zu dem alten Steinbruch, ich bin schon ein paar Mal dort gewesen. Und da steht eine kleine Hütte, wo wir schlafen können.«

Die beiden laufen noch einige Zeit den Weg entlang.

»Ludwig, hier riecht es so verbrannt«, meint Marilis plötzlich.

»Du hast Recht, jetzt merke ich das auch. Aber wo soll denn hier ein Feuer herkommen?«

Als sie in die Nähe des Steinbruchs kommen, können sie ein gespenstisches Licht erkennen. Beklommen bleiben sie stehen. Die hohen Felswände werden von einem großen flackernden Lagerfeuer angestrahlt. Jetzt hören sie auch gedämpfte Stimmen. Sie gehen noch ein paar Schritte vorwärts und sehen, dass dort Menschen am Feuer sitzen: Erwachsene, aber auch Kinder.

Plötzlich hören sie neben sich einen lauten Ruf in einer fremden Sprache. Die Leute am Feuer verstummen sogleich. Einige Männer erheben sich und kommen auf Ludwig und Marilis zu. Die Kinder und die Frauen verschwinden im Dunklen.

Aus einem Gebüsch neben dem Weg springt eine Gestalt. Es scheint ein junger Bursche zu sein, der einen ganz merkwürdigen Kittel trägt. Im Schein des Feuers sieht man, dass seine Haare pechschwarz sind. Marilis drückt sich eng an Ludwig.

Inzwischen sind auch die Männer, die zuvor am Feuer gesessen haben, herangekommen. Als sie Ludwig und Marilis erblicken, fangen sie laut an zu lachen. Sie rufen etwas in ihrer unverständlichen Sprache, woraufhin die Frauen und Kinder ans Lagerfeuer zurückkehren. Neugierig schauen sie die beiden Kinder an.

Eine alte Frau tritt vor und fragt in deutscher Sprache, aber mit einem fremd klingenden Akzent: »Was tut ihr Kinder hier nachts im Wald?«

Marilis klammert sich noch enger an Ludwig. Die alte Frau mit dem runzligen Gesicht und dem bunten Rock sieht zwar nicht Furcht erregend, aber sehr fremdartig aus. »Was wollt ihr spät am Abend im Zigeunerlager?«, fragt sie noch einmal freundlich.

»Wir sind weg... weggelaufen«, stammelt Ludwig.

»So, weggelaufen seid ihr. Da macht nur, dass ihr ganz schnell weiter kommt. Eure Eltern werden euch bald suchen. Und wenn sie euch bei uns finden, werden sie uns beschuldigen, wir hätten euch gestohlen.«

»Wir haben keine Eltern mehr. Die Marilis nicht und ich auch nicht«, erklärt Ludwig.

»Warum habt ihr euer Dorf verlassen?«, will die Alte wissen.

»Ich sollte immer stehlen, damit die Marilis nicht geschlagen wird. Das wollte ich nicht länger tun. Und die Marilis wollte ich nicht alleine zurücklassen.«

»Immer stehlen solltest du? Was ist das: stehlen? Gehört die Welt nicht Gott? Hat nicht jeder Mensch das Recht, sich zu nehmen, was er zum Leben braucht?«

»Ach Mutter, was gebt Ihr Euch mit diesen kleinen Gadschen ab!« Ein Mann im mittleren Alter ergreift den Arm der Frau.

Aber diese fährt ihn an. »Was soll das, mein Sohn? Bin ich nicht die Puri dai, die weise Alte unserer Sippe? Diese beiden Gadsche stehen unter meinem Schutz. Wenn es stimmt, was sie sagen, dann sind sie genau so schutz- und heimatlos wie wir. Es spricht nichts dagegen, wenn sie erst einmal bei uns bleiben. Vielleicht können sie uns sogar nützlich sein.«

»Was die Mutter befindet, ist richtig!«, sagt der Mann demütig.

»Dann kommt zum Feuer!«, befiehlt die Alte. Sie geht den Kindern voran. Im Feuerschein erkennt Ludwig eine Reihe von bunt gekleideten, schwarzhaarigen Gestalten verschiedener Größe. Marilis drückt sich immer noch an ihn.

»Habt keine Angst, Kinder. Ihr könnt bei uns bleiben. Aber ihr müsst für euer tägliches Essen arbeiten. Wir alle müssen sehen, dass wir uns unsere Nahrung erwerben.«

»Was ... was soll ich denn tun?«, fragt Ludwig, der auf einmal befürchtet, dass er wieder stehlen soll.

»Nun, das wird sich finden. Zuallererst müsst ihr in echte Zigeuner verwandelt werden. Kein Gadscho wird hinter euch dann seinesgleichen vermuten. Nicht einmal eure eigene Mutter würde euch erkennen. Aber das soll morgen früh geschehen. Jetzt sollt ihr erst etwas zu essen haben, ihr habt doch sicher Hunger.«

Die Alte winkt den jüngeren Frauen, die aus einem Topf am Feuer eine Suppe in zwei irdene Schüsseln schöpfen. Ludwig misstraut der unbekannten Speise und zieht die Leberwurst unter seiner Jacke hervor. »Wir haben selbst etwas zu essen mitgebracht«, sagt er.

Neugierig kommt der Mann näher, den die Alte als Sohn bezeichnet hat. »Was hast du da, Gadscho? Eine Wurst? Gib her!« Ehe Ludwig sich noch zur Wehr setzen kann, hat ihm der Mann die Wurst entrissen und selbst hineingebissen. »Die schmeckt gut. Hast du noch mehr davon unter deiner Jacke?« Ludwig verneint.

»Warum nehmt Ihr mir meine Wurst weg?« Ludwigs Stimme klingt fast weinerlich.

»Weil ich lange keine solche Wurst gegessen habe.«

»Aber es war doch meine Wurst.«

»Dummes Zeug. Meine Wurst, deine Wurst. Es ist unsere Wurst! Alles, was wir hier haben, gehört allen.«

»Aber die sollte die Marilis doch zusammen mit mir essen.«

Die Alte lächelt die beiden an: »Ich habe noch einen besonderen Leckerbissen für euch. Wartet nur ab! Der lässt euch die Wurst ganz schnell vergessen.«

Die Kinder greifen nach den Schüsseln mit der Suppe. Beide haben plötzlich großen Hunger. Sie warten darauf, dass man ihnen Löffel gibt. Aber die Frauen ermuntern sie nur, endlich mit der Mahlzeit zu beginnen. Eine scheint erraten zu haben, worauf die Kinder warten. »Löffel gibt es im Wald nicht. Ihr müsst die Suppe aus der Schüssel trinken.«

Beide versuchen es nach längerem Pusten. Die Suppe schmeckt … ungewohnt, weil sie anscheinend ohne Salz gekocht ist. Aber sie lässt sich essen, besser gesagt, schlürfen.

Mit langen Stöcken stochern nun die Frauen in der Glut des Feuers herum. Sie rollen schwarze Kugeln, jede etwa von der Größe eines Kinderkopfes aus dem Feuer.

»Fünf waren es insgesamt, einer muss noch in der Glut liegen«, sagt die Alte. Eifrig furchen die Stöcke durch das Feuer. Bald ist auch die fünfte Kugel gefunden und aus der glühenden Asche geholt.

»Davon sollt ihr etwas haben. Das ist noch viel besser als Wurst. Aber zuerst müssen sie noch etwas abkühlen, wir wollen uns ja nicht die Finger und den Mund verbrennen.«

Ludwig und Marilis hocken dicht beieinander auf dem Boden neben dem Feuer. »Träume ich?«, fragt sich Ludwig. »Ist das wahr, dass ich hier am Feuer einer Zigeunerfamilie sitze?«

Marilis ist viel zu müde, um sich noch Gedanken zu machen. Sie hat zwar gehört, dass Zigeuner kleine Kinder schlachten, braten und aufessen, aber dass sie selbst gegessen würde, das würde Ludwig schon nicht zulassen. Richtig satt ist sie von der ungewohnten Mahlzeit nicht geworden, aber sie bekommt ja noch einen Ersatz für die Leberwurst.

Endlich ist es so weit. Die Alte nimmt eine Kugel und schlägt mit einem dicken Stein darauf. Die hart gebrannte Schale zerbricht. Heraus kommt ein leckerer Duft von Fleisch. Die Alte bricht die Kugel vollends auseinander. In der im Feuer hart gewordenen Schale stecken Stacheln. Nun entfernt die Alte mit einem messerähnlichen Gegenstand etwas, das wie Gedärm und Innereien aussieht, dann reicht sie den Kindern den Rest.

»Was ist das?«, fragt Marilis misstrauisch. »So etwas habe ich noch nie gegessen.«

»Das ist ein Niglo. Iss nur, Kleine. Riecht es nicht köstlich?«

»Ja«, sagt Marilis und fischt sich einen Beinknochen mit dem zugehörigen Muskelfleisch aus der noch immer heißen Halbkugel. Sie pustet, um das Fleisch abzukühlen, und knabbert dann den Knochen ab, bis kein Fleisch mehr daran sitzt. »Das schmeckt gut, Ludwig, davon musst du auch etwas essen. Probier mal!«

Ludwig mag nicht recht, aber als Marilis ihn eindringlich bittet, beteiligt er sich an dem Mahl. Er hat längst gemerkt, dass es sich bei der Delikatesse um einen in einer Lehmkugel gebratenen Igel handelt. Die Stacheln bleiben nach dem Backen im Lehm haften – wie praktisch. Und nachdem er etwas davon gegessen hat, wundert er sich, wie gut das Igelfleisch schmeckt.

»Ihr könnt hier am Feuer schlafen, Kinder«, sagt die Alte. »Da habt ihr es warm, weil wir es die ganze Nacht brennen lassen.«

Müde kuscheln sich Marilis und Ludwig dicht am Feuer aneinander. Nach wenigen Minuten sind beide eingeschlafen.

Am nächsten Morgen dauert es einige Zeit, bis Ludwig sich in der ungewohnten Umgebung zurechtgefunden hat. Das Feuer brennt immer noch, sodass sie nicht zu frieren brauchten, obwohl die Luft recht kühl ist.

Ludwig wartet einige Zeit, bis auch Marilis aufgewacht ist. Er möchte nicht, dass sie sich fürchtet, deswegen entfernt er sich nicht von ihr, um im Lager nach der Alten zu suchen. Jetzt bei Tageslicht sieht Ludwig auch, was zu dem Lager gehört: Drei mit braunen Planen überdachte hölzerne Wagen stehen im hinteren Bereich des Steinbruchs halbkreisförmig angeordnet. Nicht weit davon grasen Tiere, die entfernt Pferden ähnlich sehen. Das müssen wohl die Zugtiere sein.

Als Marilis sich gereckt und die Augen gerieben hat, lächelt sie Ludwig an.

»Hast du auch hier geschlafen?«, fragt sie ihn. »Natürlich«, gibt Ludwig zurück. »Und jetzt habe ich Hunger. Du auch?«

»Ich weiß nicht«, meint Marilis schüchtern.

Im Lager laufen Frauen und viele Kinder herum. Aber niemand scheint sich um die beiden zu kümmern. Auch einzelne Männer gehen vorbei, während die beiden noch immer am Feuer sitzen, wo sie in der Nacht geschlafen haben. Keiner richtet das Wort an sie.

Endlich kommt die Alte in Begleitung einer jüngeren Frau auf sie zu.

»Ich werde euch jetzt waschen«, sagt die Alte und winkt ihrer Begleiterin, die einen irdenen Napf mit einer dunkelbraunen Flüssigkeit in den Händen hält. »Zieht eure Kleider aus!«

Marilis gehorcht, aber Ludwig will wissen, was jetzt geschehen soll. »*Damit* sollen wir uns waschen?« Er zeigt auf die braune Brühe. »Ich wasche dich damit. Du sollst gleich so braune Haut haben wie wir. Nun zieh dich aus!«

»Ganz und gar?«, fragt Ludwig entsetzt.

»Meinetwegen behalte die Hose an, aber zieh die Hosenbeine hoch!« Mit einem Lappen bestreicht sie nun Ludwigs entblößten Oberkörper, Gesicht, Hals, Arme und Hände. Dann verfährt sie genauso mit seinen Beinen. Die Begleiterin »wäscht« Marilis auf die gleiche Weise.

Als die braune Tinktur getrocknet ist, sind die Haare an der Reihe. Die Frauen reiben den Kindern eine schwarze, nicht gerade gut riechende Paste in die Haare. Marilis muss vorher ihre Zöpfe entflechten. »Die Haare lässt du jetzt offen. Bei uns ist es nicht üblich, die Haartracht der Gadsche zu tragen. Du sollst aussehen wie ein Zigeunermädchen.«

Und sie sieht wirklich so aus. Die Haare sind nun stumpfschwarz und durch die Paste etwas struppig, das Gesicht ist gebräunt. Nur die blauen Augen könnten noch verraten, dass das Kind nicht in einem Zigeunerlager zur Welt gekommen sein kann.

Als die Alte dem Mädchen noch ein grellbuntes Tuch über die Brust gebunden hat, ist Marilis selbst für Ludwig schwer wieder zu erkennen. Aber auch er hat sich in einen Zigeunerjungen verwandelt. Die Begleiterin der Alten hat ihm einen bunten Kittel gebracht, den er anziehen muss.

»Jetzt bin ich wieder der Distelfink«, denkt Ludwig. »Diesmal ist es aber nicht die Hose, sondern das Hemd, das viele bunte Farben hat.«

Die beiden schauen sich eine Zeitlang an, lachen und feixen. Die beiden Frauen scheinen mit ihrem Werk zufrieden zu sein. Schließlich fragt Marilis: »Ludwig, hast du etwas zu essen?«

Ludwig hat nichts. Er blickt die Alte an, aber die schnarrt nur: »Essen muss man sich bei uns selbst beschaffen. Ihr könnt ins nächste Dorf gehen und betteln.«

»Betteln?« Ludwig bleibt das Wort im Hals stecken. »Ich möchte nicht betteln. Das habe ich nur getan, als meine Mutter krank war.«

»Na also«, antwortet die Alte. »Dann weißt du ja, wie man es macht. Könnt ihr ein Bettelverschen aufsagen?«

Ludwig schaut Marilis an, doch die schüttelt den Kopf. »Wir können nur singen«, sagt sie schüchtern.

»Das ist gut. Dann singt mir vor, was ihr könnt!«

Die beiden singen nun zweistimmig – erst ein Lied vom Schäfer und seinen Schafen, dann ein trauriges über einen jungen Mann, den sein Schatz verlassen hat, und noch ein Abendlied. Die Lieder hat Ludwig in der Schule gelernt und Marilis so oft vorgesungen, bis sie alles auswendig konnte.

Noch während sie singen, kommen aus den Wagen viele Zuhörer vorbei. Die Kinder, Schwiegerkinder und Enkel der Alten lauschen mit offenem Mund. So etwas haben sie offenbar noch nicht gehört. Sobald sie ein Lied beendet haben, fordert die Alte die beiden auf, noch weiter zu singen.

Die Puri dai nickt einem jungen Mann zu und erteilt ihm einen Auftrag in ihrer Sprache. Der Mann verschwindet hinter einem Wagen und kommt kurz darauf zurück. In der Hand hält er ein starkes Seil, das an einen eisernen Ring geknüpft ist. Und diesen Ring hat ein großes, braunes, zotteliges Tier in der Nase.

Marilis bleibt der letzte Ton im Hals stecken. Solch ein Tier hat sie noch niemals gesehen.

»Ludwig, Ludwig ...«, stammelt sie. Ludwig beruhigt sie. »Das ist ein Bär. Du musst keine Angst haben. Der Mann hält ihn gut fest.«

»Singt weiter«, fordert die Puri dai die Kinder auf. Und zu dem jungen Mann mit dem Bären sagt sie: »Lass den Martin tanzen, Zdenko!« Die Kinder stimmen ein neues Lied an: vom lieblichen Lenz, der bald kommen soll.

Zdenko, der Bärenführer, befiehlt jetzt dem Bären mit singender Stimme: »Adje malo, Martin, da poigras, de, de, de...!«

Und der Bär richtet sich auf, wippt mit dem Körper und wiegt den Kopf. Dann dreht er sich um die eigene Achse. Es sieht aus, als tanze er schwerfällig zu dem Lied, das die Kinder singen. Da muss Marilis lachen, und auch Ludwig hört vor Staunen auf zu singen.

»Habe ich nicht gesagt, dass die kleinen Gadsche uns nützen werden?«, fragt die Puri dai stolz in die Runde. Ehrfürchtig nicken die Zuhörer.

»Und nun geht ins Dorf! Lasst die beiden Kinder singen und den Martin tanzen!«

Marilis raunt Ludwig zu: »Ich hab Hunger. Hast du etwas für mich?«

Ludwig fasst sich noch einmal ein Herz und bittet die Puri dai um Essen.

»Das bekommst du im Dorf. Frage die Leute, ob sie dir Brot geben. So machen wir das alle.«

Der ältere Mann, der am Abend zuvor Ludwigs Wurst gegessen hat, schaut die Alte an. »Die Mutter hat noch etwas vergessen. Die Gadsche haben noch keinen Namen.«

»Ach richtig«, sagt die Puri dai. »Dann sollen sie schnell noch ihre Namen bekommen. Holt mir ein irdenes Gefäß! Und ruft alle herbei!«

Kurz danach sind alle Männer, Frauen und Kinder der Familie um die Puri dai, Ludwig und Marilis versammelt. Die Zuschauer formen einen Kreis. In der Mitte des Kreises legt die Puri dai die rechte Hand auf Marilis' Kopf und sagt. »Du sollst von jetzt an Sorka heißen.« Dann legt sie die Hand auf Ludwigs Haarschopf und erklärt: »Ab sofort heißest du Iliko!« Sie schleudert das irdene Tellerchen schwungvoll auf eine harte Stelle des Bodens, sodass es in viele Scherben zerspringt.

»Nun habt ihr eure Namen bekommen. Geht jetzt mit Zdenko und singt im Dorf!«

Die Zuschauer zerstreuen sich. Zdenko führt den Bären voraus. Zögernd folgen die Umbenannten. Der junge Mann wendet sich um und ruft: »Nun beeilt euch! Wenn wir zu spät ins Dorf kommen, sind viele Leute schon auf dem Feld. Dann gibt es weniger Essen und weniger Geld.«

Mit federnden Schritten geht Zdenko voraus. Der junge Mann gefällt Ludwig. Seine dunklen Augen blitzen so fröhlich auf, wenn er lacht. »Woher hast du den Bär?«, fragt er den schlank gewachsenen Jüngling.

»Der stammt aus einem fernen Gebirge, das Karpaten genannt wird. Wir haben ihn schon, seit er ein Bärenjunges war.«

»Und wie bekommt man ein Bärenjunges? Die Bärenmutter gibt ihr Kind doch bestimmt nicht freiwillig her.«

»Nein. Man muss mit einem süßen Maiskuchen oder, was noch besser ist, einer Honigwabe vor der Bärenhöhle herumlaufen. Die Bärin wittert dann den Duft und kommt aus der Höhle heraus. Man lockt sie immer weiter weg. In der Zwischenzeit holen andere die Bärenjungen aus der Höhle und laufen damit schnell weg. Bis die Bärin zurückkehrt, sind ihre Kinder verschwunden.«

»Das ist aber nicht gut, wenn ihr den Bärenmüttern ihre kleinen Bärenkinder wegnehmt«, meldet sich Marilis. »Habt ihr das bei diesem Bär auch so gemacht?«

»Ja natürlich. Wie hätten wir sonst unseren Martin bekommen sollen?«

»Und tut der Martin einem nichts?«

»Wenn man freundlich zu ihm ist, dann tut er niemandem etwas zu Leide. Man darf ihn aber nicht ärgern. Und man muss ihn immer gut füttern. Denn wenn er Hunger hat, wird er schnell wütend und schlägt mit seiner Tatze.«

»Was frisst er denn?«

»Alles, was wir Menschen auch mögen. Brot, Fleisch, Äpfel, manchmal auch Blätter oder sogar Gras.«

Die drei sind im Dorf angekommen. Sofort beginnt ein wütendes Gekläff der Kettenhunde. Einige Hunde, die frei herumlaufen dürfen, nähern sich bellend mit gefletschten Zähnen und gesträubten Nackenhaaren. Martin dreht sich nach ihnen um, da weichen sie etwas zurück, folgen ihm aber in sicherem Abstand. Das laute Gekläff hat den Vorteil, dass die Bewohner des Dorfes auf die Ankömmlinge aufmerksam werden.

»Da kommen Heiden mit einem Bären«, rufen einige Kinder und laufen hinter Martin her. Auch einige Erwachsene schließen sich zögerlich an. Auf dem Dorfplatz vor der Kirche macht Zdenko Halt. Eine stattliche Schar von Kindern und Erwachsenen ist versammelt.

»Nehmt die Hunde weg«, ordnet er an. »Sonst kann der Bär seine Kunststückchen nicht vorführen.«

Einige Leute greifen die Hunde am Halsband und zerren sie fort. Alle anderen blicken erwartungsvoll auf die Kinder und auf den Bären.

Zdenko sagt: »Hört auf den schönen Gesang von Sorka und Iliko!« Er nickt den beiden zu, und sie stimmen das Lied vom Jüngling an, den sein Schatz verlassen hat. Sie singen zweistimmig, klar und hell. Es klingt wunderschön, weil die Kirchturmwand den Schall zurückwirft.

»Die Heidenkinder können ja unsere Lieder singen«, wundert sich eine ältere Magd. »Das Lied singen wir doch oft in der Spinnstube.«

»Aber nicht so schön!«, antwortet eine andere Frau.

Zdenko gibt dem Bären ein Zeichen. Der richtet sich langsam auf, stellt sich auf die Hintertatzen und beginnt von einem Bein auf das andere zu treten. Er tanzt auf seinen kurzen Beinen, dreht sich und brummt dazu. Die jüngeren Kinder fürchten sich ein wenig und verstecken sich unter den Schürzen ihrer Mütter; die älteren klatschen Beifall und pfeifen vor Begeisterung. Auch die Erwachsenen zeigen sich belustigt und verfolgen gespannt das Schauspiel auf dem Platz. Ludwig und Marilis singen noch einige weitere Lieder, dann gibt Zdenko dem Bär wieder ein Zeichen. Das Tier hört umgehend auf zu tanzen und legt sich auf den Boden.

»Der Martin muss jetzt eine Ruhepause haben. Er braucht auch etwas zu essen. Holt ihm etwas her und vergesst auch uns nicht. Dann können wir wieder singen, und der Martin kann wieder tanzen.«

Lachend laufen die Kinder fort. Sie holen Brot, Käse, Buttermilch und gekochte Eier. Und sie bringen andere neugierige Kinder und Erwachsene mit, denen sie erzählt haben, dass der Bär tanzt, wenn Lieder gesungen werden.

Zdenko sammelt die Gaben, die die Kinder ihm ehrfürchtig überreichen, in seinem Hut, den er vor sich auf den Boden gelegt hat. Ein großes Stück Brot überreicht er dem Bären, der sich gierig darüber hermacht. Gebannt schauen die Dorfbewohner, wie Martin sich hinhockt und mit der Tatze das Brotstück in das Maul schiebt. Sein lautes Schmatzen bereitet ihnen Vergnügen.

Zdenko und die beiden Sänger bekommen von den Gaben auch etwas ab.

»Was magst du davon essen, kleine Sorka?«, fragt Zdenko.

Marilis rührt sich nicht. Ludwig flüstert: »Das bist du doch, Marilis! Was willst du davon essen?«

»Am liebsten Handkäse und Brot.« Zdenko lacht und reicht ihr das Gewünschte aus seinem Hut. Gierig macht sich Marilis darüber her.

Inzwischen hat Martin seine Ration vertilgt und erhebt sich. Schnüffelnd kommt er auf den Hut mit den Gaben zu. »Setz dich, du Leckermaul«, droht Zdenko ihm schalkhaft. »Ich weiß schon, was du magst. Aber zuerst musst du schön Platz nehmen!« Gehorsam setzt der Bär sich wieder auf sein Hinterteil.

»So ist es brav, Martin! Und nun sage mir, was du essen magst. Möchtest du hier den Kohlkopf haben?« Martin schüttelt das mächtige Haupt. »Soll ihn mein kleiner Bruder, der Iliko, essen?« Martin nickt. Die Zuschauer lachen.

»Aber Martin, der Iliko mag doch keinen rohen Kohlkopf. Soll er ihn mitnehmen und kochen?« Martin nickt wieder, was erneutes Lachen der Zuschauer hervorruft. »Gut, Martin, dann soll er den Kohlkopf haben.« Zdenko reicht Ludwig den Kohlkopf und lacht dabei. Ludwig legt ihn neben sich und hofft auf etwas Essbares, das er sofort verzehren kann, denn inzwischen plagt ihn wirklich der Hunger.

»Soll der Iliko auch Käse und Brot haben wie seine Schwester, die Sorka?« Martin nickt und Zdenko reicht Ludwig ebenfalls einen Handkäse und ein großes Stück Brot. »Aber nun sag mir, was du selbst essen willst!« Zdenko hebt eine kleine Wurst in die Höhe. »Hier die Wurst?« Der Bär wehrt die Gabe mit der Tatze ab.

Die Kinder schauen wie gebannt. »Der Bär kann genau verstehen, was der Zigeuner sagt«, raunen sie einander zu.

»Magst du am Ende hier das süße Brötchen?«, fragt Zdenko und hält das Gebäck in die Höhe. Nun nickt Martin. Und obendrein klatscht er unbeholfen mit den Vordertatzen. Die Dorfbewohner sind entzückt.

Entzückt ist auch Marilis. »Der ist ja lieb«, flüstert sie. »Pst!« macht Zdenko.

Während Martin genüsslich schmatzend das Brötchen verzehrt, fragt Zdenko in die Runde: »Glaubt ihr auch, dass der Martin rechnen kann?« Ungläubig schauen ihn die Umstehenden an. »Ihr wollt es nicht glauben? Ihr wisst nicht, welch ein kluges Tier der Martin ist. O, der Martin, der nimmt es mit manchem Menschen auf.«

Zdenko wendet sich dem Bär zu, der sein Brötchen vertilgt hat. »Martin, magst du den Kindern zeigen, wie gut du rechnen kannst?« Martin nickt mit dem Kopf. »Wer von euch stellt ihm eine Rechenaufgabe?«

Ein naseweiser Zehnjähriger ruft: »Hundert und hundert!«

»Nein, nicht eine solche Aufgabe. Der Martin kann ja nicht sprechen. Er muss mit dem Fuß auf den Boden stampfen. Und wie oft soll er stampfen, wenn er hundert und hundert rechnen muss?«

»Zweihundertmal!«, sagt der Naseweise.

»Siehst du, das ist dann zu viel für ihn. Stelle ihm eine andere Aufgabe, die leichter ist.«

»Na gut, dann sage ich: sechs und fünf!«

»Das ist eine gute Aufgabe. Hast du gehört, Martin? Du sollst sechs und fünf rechnen.«

Es ist mucksmäuschenstill. Alle schauen auf den Petz, der, nachdem er sich aufgerichtet hat, schwerfällig eine Hintertatze hebt und damit elfmal auf den Boden stampft. Großer Jubel bricht aus. Jeder will ihm nun eine Aufgabe stellen. Zdenko und Martin bleiben geduldig. Wohl an die zwanzigmal und mehr muss der Bär seine Rechenkünste zeigen.

Dann sagt Zdenko: »Jetzt muss Martin Ruhe haben. Er soll im Wald ein wenig schlafen. Wir kommen aber heute Nachmittag noch einmal wieder. Dann kommen auch die klugen Frauen mit, die in die Zukunft schauen können und heilende Kräuter für alle Krankheiten gesammelt haben.«

Abends am Lagerfeuer im Steinbruch wird wieder Essen gekocht. Die Frauen haben ihren Heilkräuter-Tee gegen Lebensmittel eingetauscht oder sich ihre Wahrsagekunst durch alle Arten von Lebensmitteln belohnen lassen. Die Dorfbewohner wissen, dass man den Zorn der Zigeuner besser nicht auf sich zieht. In der Vergangenheit gab es schon Fälle, dass nachts die Scheune eines hartherzigen Mannes, der seine Hunde auf eine Zigeunerin gehetzt hatte, aus unerklärlichen Gründen in Flammen aufging. Unerklärlich deshalb, weil die Zigeunersippe schon abgereist war.

Marilis und Ludwig sitzen am Feuer und lauschen den Erzählungen der Zigeuner. Die sprechen aber oft in ihrer eigenen Sprache, sodass die beiden gar nichts verstehen. Manchmal reden sie auch Deutsch. So viel können die beiden verstehen, dass die Sippe zügig einige Tagereisen nach Osten wandern muss, weil in einem Dorf südlich von Gießen eine Hochzeit gefeiert werden soll.

Hunger haben die beiden heute nicht, denn nach den »Vorstellungen« mit dem Bären konnten sie sich richtig satt essen. Nicht einmal an den gebratenen Igeln zeigen sie Interesse. Sie schlafen in dieser Nacht in einem kleinen Zelt neben dem Wagen der Puri dai.

Früh am Morgen brechen alle auf. Das Feuer wird gelöscht, die Maultiere werden vor die Wagen gespannt, und schon geht es weiter auf das nächste Dorf zu, wobei fast alle zu Fuß gehen. Am Wald oberhalb des Dorfes gibt es einen ebenen Platz, an dem ein Bach vorbeifließt. Hier werden die Wagen zusammengeschoben, die Tiere ausgespannt und angepflockt.

Schnell ist eine Feuerstelle eingerichtet. Das geht flink und selbstverständlich und scheint niemandem Mühe zu machen. Jeder kennt seine Aufgabe, auch die Kinder wissen genau, was sie zu tun haben. Sie müssen sofort Holz im Wald suchen und mit Stöcken die Gebüsche und Gesträuche am Wiesenrain durchstochern, um dort Igel in ihrem Versteck aufzuspüren.

Am späten Vormittag beginnt es zu regnen. »Das wird sich heute nicht mehr ändern«, sagt die Puri dai zu Ludwig und Marilis. »In der Stunde, bevor die Sonne ihren höchsten Stand erreicht hat, stellt sich das Wetter für den Tag. Wenn es dann regnet, bleibt es den ganzen Tag so. Iliko, nimm die Sorka und geh hinunter ins Dorf! Ihr könnt dort vor den Haustüren singen und für uns von den Leuten etwas zu essen erbitten. Der Martin mag bei Regen nicht tanzen«, fügt sie hinzu, als Ludwig sie fragend ansieht. »Der mag dann gar nicht aufstehen.«

Sie händigt jedem der beiden eine bunte Decke aus. »Die hängt ihr euch über den Kopf. Und wenn ihr recht verregnet ausseht – umso besser. Das macht die Leute mitleidig und gebefreudig.« Sie reicht Ludwig einen Rucksack, in dem er die gespendeten Gaben nach Hause tragen kann.

Und wirklich: im Dorf lauschen die Leute, die sonst keine Musik kennen außer der Orgelmusik in der Kirche und den Stücken der Kirmesmusikanten, entzückt dem schönen zweistimmigen Gesang der Heidenkinder. Die Gaben fließen reichlich, sogar etwas Geld ist dabei. Am Abend lobt die Puri dai die Kinder, weil sie sehr erfolgreich gewesen sind.

In den ersten Tagen ihres Zigeunerlebens sind Marilis und Ludwig abends immer gleich tief und fest eingeschlafen, so sehr haben die vielen neuen Eindrücke sie ermüdet. Aber nun finden sie Zeit, sich länger zu unterhalten.

»Sind wir denn jetzt richtige Heiden geworden?«, fragt Marilis eines Abends leise.

»Ach nein«, beruhigt Ludwig sie. »Zigeuner sind wir doch nur äußerlich.«

»Und sollen wir jetzt immer Heiden bleiben?«

»Das bestimmt nicht. Aber im Moment geht es uns doch gut.

Wir haben zu essen, und wir brauchen uns um die Unterkunft keine Sorgen zu machen. Irgendwann kehren wir dann zurück zu den Leuten, die so leben, wie wir früher gelebt haben.«

Marilis gibt sich mit der Antwort zufrieden. »Gut, Ludwig, du weißt schon, wie es richtig ist.«

Am Abend hört es auf zu regnen, und die Sonne zeigt sich doch noch einmal am Himmel. Da fällt Ludwig plötzlich ein, was der Pfarrer ihm nach dem Tod der Mutter erzählt hat. Warum hat er nicht längst daran gedacht, der Sonne Grüße mitzugeben?

Er steigt auf einen hohen Baum und erzählt der Sonne, wie es ihm jetzt geht. Und er bittet sie, das alles der Mutter weiterzusagen, damit sie sich dort im Himmel um ihn und Marilis keine Sorgen machen muss.

Die Zigeunerhochzeit

Nach ein paar Tagen, kurz vor dem Pfingstfest, langt die Sippe in einem Dorf südlich von Gießen an. Auf einem großen Platz am Ortsrand haben sich bereits andere Sippen mit ihren Wagen eingefunden. Hier soll demnächst die Hochzeit gefeiert werden.

Als die Puri dai mit ihrer Sippe eintrifft, werden alle Mitglieder fröhlich begrüßt. Die Menschen umarmen und küssen sich und halten sich lange an den Händen. Es beginnt ein langes Erzählen. Man erkundigt sich, wie es den anderen ergangen ist, seit man sich das letzte Mal gesehen hat. Zwischendurch hört man plötzlich lautes Weinen, weil jemand berichtet hat, dass ein ehrwürdiger Greis der Sippe verstorben ist.

Marilis und Ludwig bekommen von den Gesprächen fast gar nichts mit, weil die Unterhaltung in der Sprache der Zigeuner geführt wird. Mehrmals wird auf die beiden gezeigt, also wird offenbar über sie gesprochen. Alle sind freundlich zu ihnen.

Schließlich kommt Zdenko mit Martin und ruft: »Sorka, Iliko! Lasst uns zusammen ins Nachbardorf gehen.«

Auf dem Weg erzählt Zdenko, was es mit der Hochzeit auf sich hat. »Unsere Verwandte, die Bluma, wird den Yerko heiraten. Die Eltern haben bemerkt, dass die beiden sich gut leiden mögen und haben den Kaufpreis festgesetzt. Ganz früher, da hat ein junger Mann sich die Frau aus dem Haus des Vaters geraubt und erst nachträglich den Kaufpreis an den Vater der Braut entrichtet. Aber so macht man das heute nicht mehr. Jetzt einigen sich die Eltern vorher.«

»Ich habe noch nie gehört, dass man Geld für die Braut bezahlen muss«, sagt Ludwig erstaunt.

»Bei den Gadschen in diesem Land ist das auch nicht üblich, Iliko«, mein Zdenko, »aber bei unserem Volk kennt man es nicht anders.«

»Wirst du dir auch eine Frau kaufen, Zdenko?«

»Vielleicht nächstes Jahr. Ich muss noch Geld verdienen, damit ich den Preis bezahlen kann. Meine Eltern können mir nicht viel dazugeben.«

»Nächstes Jahr schon? Wie alt bist du denn?«

»Fünfzehn, aber das weiß ich nicht so ganz genau.«

»Und da willst du nächstes Jahr schon heiraten?«

»Ja, dann wird es doch Zeit. Yerko, der jetzt heiratet, ist auch erst fünfzehn Jahre alt.«

»Und die Braut?«

»Bluma ist dreizehn oder vierzehn.«

Mit guter Ausbeute kehren die drei am Abend aus dem Nachbardorf zurück. Aber die Puri dai hat kein Wort des Lobes für sie. Sie ist ganz und gar von den Hochzeitsvorbereitungen in Anspruch genommen.

Inzwischen ist auch Yerkos Sippe eingetroffen – die Eheschließung steht unmittelbar bevor. Es gibt dabei ein festes Ritual: Die Braut muss zuerst klagen und weinen, weil sie ihre Eltern verlassen wird. Alle Frauen wachen darüber, dass die Trauer über den Abschied auch deutlich zum Ausdruck kommt. Danach zieht Bluma ein wunderschönes Kleid an. Überall werden Feuer entzündet und leckere Gerichte gekocht. Etwa zehn Brathühner werden an Spießen über offenen Feuern gedreht. Hmmm, das ist ein Duft ... Über einem besonders großen Feuer brutzelt ein Schwein am Spieß.

Einige Männer beginnen zu musizieren; sie spielen Geige und verschiedene Blasinstrumente und schlagen mit dem Tamburin den Takt dazu. Nach und nach beginnen die Frauen zu tanzen. Auch Bluma tanzt fröhlich mit. Nur der Bräutigam fehlt noch.

Ludwig und Marilis halten sich in der Nähe von Zdenko auf, der mit ihnen zu dem großen Feuer geht, über dem das Schwein brutzelt. Bei dem Anblick läuft ihnen das Wasser im Mund zusammen. Zdenko lässt sich für alle drei eine kräftige Portion aus dem Vorderbein herausschneiden. Anstelle von Tellern nehmen sie einfach große Blätter. Jetzt müssen sie noch eine Weile warten und pusten, dann können sie sich über das zarte Fleisch hermachen. Noch mehrmals holt Zdenko Fleisch und andere Speisen, aber die Kinder sind bald satt.

Zdenko bringt dem Bären ein großes Stück Fleisch. »Martin, du sollst auch etwas von der Hochzeit abbekommen!«, lacht er.

Marilis ist trotz des Lärms müde geworden. Sie schmiegt sich an Ludwig, der sie noch lange im Arm hält, auch als sie schon eingeschlafen ist.

Bei Sonnenaufgang gibt es plötzlich großen Lärm. Ludwig fährt aus dem Schlaf hoch. Auch Zdenko, der neben ihm gelegen hat, wird wach. »Was ist los?«, fragt Ludwig seinen Nachbarn.

»Der Vater des Bräutigams bringt jetzt die Braut in das Zelt seines Sohnes. Er hat den Vater der Braut um die Erlaubnis dazu gebeten und sie auch erhalten. Alle Gäste begleiten die Braut bei ihrem Gang zum Bräutigam. Das ist so Sitte.«

»Den Bräutigam habe ich noch gar nicht gesehen.«

»Das konntest du auch nicht. Für einen Bräutigam ziemt es sich nicht, sich unter die Gäste zu mischen. Er soll ein wenig schamhaft sein. Er bleibt in seinem Zelt und lässt sich von den älteren Männern auf seine Aufgabe als Ehemann vorbereiten.«

Mit großem Jubel wird Bluma nun in das Zelt ihres Bräutigams gebracht, das sorgfältig verschlossen wird.

Jetzt kehrt für einige Stunden Ruhe ein. Auch Ludwig schließt noch einmal die Augen. Erst gegen elf Uhr werden alle, die noch schlafen, von den Musikanten geweckt. Sie geben das Signal, dass sich alle Hochzeitsgäste vor dem Wagen des Stammeshäuptlings einfinden sollen.

Der Alte wartet, bis alle Anwesenden versammelt sind. Feierlich legt er die Hände des jungen Paares ineinander und spricht in der Zigeunersprache einen Segen. Dann nähert sich die Puri dai mit einem Stück Brot. Sie bricht es durch, bestreut beide Hälften mit Salz und reicht sie dem jungen Paar: »Sobald ihr dieses Brotes und Salzes überdrüssig sein werdet, werdet ihr auch der eine des anderen überdrüssig sein.« Nun reicht die junge Frau das Brotstück ihrem Mann, umgekehrt reicht der Mann sein Brotstück seiner Frau. Gemeinsam verzehren sie Brot und Salz.

Der Stammeshäuptling fordert die Brautleute auf, vor ihm niederzuknien. Über die Köpfe der beiden schüttet er Körner aus einem Tonkrug. Als der Krug geleert ist, wirft er ihn heftig zu Boden, sodass er zerspringt. Schreiend versuchen die Anwesenden, eine Scherbe davon zu erhaschen.

»Das bringt Glück«, erklärt Zdenko dem staunenden Ludwig, der nicht recht begreift, was hier eigentlich vor sich geht.

Damit ist die Zeremonie abgeschlossen. Die Anwesenden suchen wieder ihre Feuer auf und machen sich daran, die Reste des gestrigen Mahls zu vertilgen.

Am Nachmittag beginnt schon der Aufbruch. So schnell, wie sie gekommen sind, reisen die Zigeuner in verschiedene Richtungen auseinander. Yerko fährt von nun an mit Blumas Sippe, der er seit der Hochzeit angehört. Die Sippe der Puri dai wandert erst am folgenden Tag weiter in die Wetterau.

In der Wetterau

»Dies ist eine gesegnete Gegend«, sagt die Puri dai oft, wenn Zdenko, Marilis und Ludwig abends ins Lager zurückkehren und reichlich Gaben mitbringen. »Wenn aber erst die Erntezeit in diesem Land beginnt, dann müssen wir oben im Vogelsberg sein. Dann sind hier viele fremde Helfer von morgens bis in die Nacht tätig. Unser Volk ist dann unerwünscht, weil wir die Menschen von der Arbeit abhalten.«

Ludwig und Marilis haben sich an ihre Rolle als viel bestaunte »Heidenkinder« gewöhnt. Gelegentlich färbt die Puri dai ihnen die Gesichtshaut nach, und sie reibt ihnen schwarze Paste in die Haare, weil immer wieder ein heller Ansatz zum Vorschein kommt.

Die Puri dai ist ihnen wie eine strenge, aber gütige Mutter geworden. Sie sorgt für die beiden, duldet aber niemals Widerspruch. Was sie anordnet, das wird von allen unverzüglich befolgt. Mit Marilis und Ludwig spricht sie immer deutsch, während sie sonst mit den Angehörigen ihrer Sippe in ihrer eigenen Sprache spricht. Sie hält die Kinder von ihren Enkeln und Urenkeln fern und achtet streng darauf, dass diese sich auch in ihrer Sprache unterhalten. Am abendlichen Lagerfeuer, das selbst bei Regen unterhalten wird, sitzen die beiden, ohne von den Märchen und Sagen, die die Alten den Jungen erzählen, etwas zu verstehen. Sie können sich aber auch nicht privat unterhalten, denn wenn eine Geschichte aus der Vorzeit vorgetragen wird, darf niemand etwas anderes reden.

Eine Zeit lang hält sich die Sippe in der Nähe von Büdingen auf, einer Stadt, die ein gewaltiges Bauwerk hat. So etwas haben die Kinder noch niemals gesehen. Dieses trutzige Mauerwerk trägt den Namen »Jerusalem-Tor« und nimmt den Betrachtern fast den Atem. Auch hier gehen die Kinder mit Zdenko und Martin auf den Marktplatz der Stadt und singen.

Eines Tages – es haben sich bereits eine Menge Zuschauer um sie geschart – tritt ein prächtig gekleideter Herr auf die Gruppe zu. Die Zuschauer weichen fast ehrfürchtig zur Seite, als er versucht, in die Mitte des Kreises vorzudringen. Der Fremde trägt einen großen Hut mit einer Feder darauf, ein schönes rotes Wams aus Samt und graue Beinkleider, die in gelben Schaftstiefeln stecken. Als Marilis und Ludwig ihr Lied beendet haben, tritt er neben Zdenko und sagt freundlich, aber bestimmt: »Heiße den Bär sich niederlegen! Ich habe etwas anzusagen!« Er holt eine große Schriftrolle aus einem mitgebrachten Beutel und entrollt sie umständlich. Man kann erkennen, dass unten an dem Schriftstück ein prächtiges Siegel hängt.

»Ich bin Benedikt Tykiel, der Gesandte des Kaisers aller Russen. Zar Nikolaus hat mich gesandt, unter den jungen Burschen in Deutschland solche zu suchen, die gerne arbeiten möchten, aber nicht arbeiten können, weil sie keine Arbeit haben. Mein Herr, der Zar Nikolaus, lässt daher allen deutschen Webern ansagen, sie möchten mit ihrer Habe nach Lodz kommen und sich dort ansiedeln. Lodz ist eine kleine, aber stetig wachsende Stadt, die für die Herstellung von Tuchen aller Art dic besten Bedingungen aufweist. Der Zar will im eigenen Land Tuchweber ansiedeln, weil er die Unabhängigkeit schätzt. Die Weber sollen Stoffe für das Militär und die vielen Millionen Menschen in seinem Reich herstellen.

Mein Herr, der russische Zar, bietet allen, die nach Lodz kommen, dass sie billig ein Stück Land zum Hausbau erhalten und von den Banken Geld für einen geringen Zinssatz leihen können. Und er verspricht, dass sie jedwede christliche Religion, der sie angehören, frei und ungehindert ausüben und einen eigenen Geistlichen haben dürfen. Daher, ihr jungen Männer, die ihr Weber seid oder das Weberhandwerk erlernen wollt: Kommt mit mir nach Lodz. Dort werdet ihr nicht nur ein gutes Auskommen haben, dort könnt ihr ein reicher Mann werden. Welcher Webermeister sich entschließen kann, der Werbung des Zars zu folgen, der soll sein Hab und Gut und seinen Webstuhl auf einen Wagen laden und mit Weib und Kind nach Lodz in Russischpolen reisen.«

Der Fremde schweigt und mit ihm schweigen die Zuhörer. Dann beginnt ein leises Murmeln, das immer lauter wird.

»Benedikt Tykiel«, ruft ein Zuhörer, der offensichtlich ein wohlhabender Bürger der Stadt ist, »wie sieht es aus mit den Steuern und Belastungen? In den ersten Jahren einer Neugründung ist das Geld knapp. Die jährlichen Steuern können dann selbst einen fleißigen Mann in den Ruin treiben.«

»Mein Herr, der Zar, sichert allen Deutschen vertraglich zu, dass die Steuerlast in den ersten zehn Jahren äußerst gering sein wird.«

»Haben die Deutschen auch das Recht, sich frei zu versammeln, sich zu treffen, wann und wo sie wollen und gemeinsam Feste zu feiern?«

»Auch das ist ihnen vertraglich zugesichert, wofern sie sich nicht zum Zwecke des staatlichen Umsturzes versammeln.«

Ein anderer fragt: »Wie ist die Landschaft dort?«

»Sie ist fruchtbar und wasserreich und eurer Wetterau nicht unähnlich, weil das Land wellig und recht flach ist. Berge allerdings, wie ihr sie dort im Norden aufragen seht, sucht ihr in der Umgebung von Lodz vergeblich.«

»Ich bin ein hier ansässiger Weber. Wenn ich mich entschließen könnte, dem Aufruf Eures Herrn zu folgen, hätte ich keinerlei Nachteile? Bedenkt, dass ich hier eine bescheidene, aber doch gesicherte Stellung aufgeben würde.«

»Eine gesicherte Stellung würdet Ihr dort zweifellos auch haben. Und Arbeit gäbe es dort für Euch in Hülle und Fülle, Arbeit, die gut bezahlt wird. Das einzig Beschwerliche für Euch wäre die weite Reise.«

»Ich will es mir durch den Kopf gehen lassen.«

»Das erwarte ich auch nicht anders, kein pflichtgetreuer Mann fasst übereilte Beschlüsse. Ich wohne im Gasthof zum Löwen. Dort könnt Ihr mich aufsuchen, wenn Ihr mich auf den Gassen der Stadt nicht antrefft, und Euch das Reisegeld, so Ihr denn nach Lodz reisen wollt, aushändigen lassen.«

Ludwig hat wie gebannt zugehört. Er fragt plötzlich den Mann, der ja dicht neben ihm steht: »Könnte ich auch nach Lodz kommen?« Alle Zuschauer lachen.

»Weißt du«, gibt Tykiel zu bedenken, »dort werden Leute gebraucht, die arbeiten wollen. Heidenpack und Tagediebe sind nicht erwünscht.«

»Aber ich bin doch gar kein …« Ludwig wird von Zdenko unterbrochen, der plötzlich überlaut husten muss.

»Warum holt der Zar der Russen denn nicht Leute aus seinem eigenen Land nach Lodz?«, fragt ein älterer Mann misstrauisch.

»Der Zar weiß, dass die Deutschen zuverlässig und fleißig sind. Er schätzt ihren Ordnungssinn und ihre Strebsamkeit. Außerdem fließt auch ein gut Teil deutschen Blutes in seinen Adern.«

Die Menschen auf dem Marktplatz fangen an zu debattieren. Mancher, der anfangs eher ablehnend und misstrauisch gewesen ist, erwärmt sich für die Idee einer Umsiedlung in den Osten. Vor allem mittellose Gesellen haben viele Fragen. Der Gesandte des Zaren erklärt noch mehrmals, dass auch solche jungen Männer willkommen sind, die das Weberhandwerk nicht erlernt haben, wohl aber bereit sind, als Webergehilfen zu arbeiten.

Zdenko, Ludwig und Marilis verlassen mit Martin den Marktplatz. Hier ist heute nicht mehr viel zu verdienen. Selbst Martins Rechenkünste würden die aufgeregten Menschen nicht mehr interessieren, geschweige denn zu großzügigen Gaben verleiten.

Am Abend sagt Ludwig zu Marilis: »Weißt du, was ich mir überlegt habe? Wir gehen nach Lodz. Dort finde ich bestimmt Arbeit als Weber. Und dann können wir vielleicht auch wieder leben wie Deutsche, wir können ein Haus haben und einen großen Garten. Am liebsten hätte ich natürlich einen eigenen Bauernhof, aber das wird kaum möglich sein. Deshalb lass uns nach Lodz reisen, wo es Arbeit für fleißige Deutsche gibt.«

»Weißt du denn den Weg?«

»Nein, aber den kann ich noch erfragen.«

»Wollen wir gleich morgen loslaufen?«

»Nein, Marilis, wir bleiben am besten vorerst noch hier bei unseren Heiden. Wenn es Zeit ist, reisen wir nach Lodz. Vergiss den Namen der Stadt nicht: Lodz in Russischpolen – da können wir reich werden, hat der Abgesandte des Zaren gesagt.«

»Ich kann mir ja jetzt immer schon in Gedanken ausmalen, wie das sein wird, Ludwig, wenn wir in Lodz ein richtiges Haus haben.«

»Tu das, Marilis! Wir brauchen ja nicht viel davon zu reden. Aber wir wollen nicht vergessen: Lodz ist das Ziel unserer Reise.«

Nach einigen Tagen nähert sich die Sippe den Ruinen einer Burg, die »Wetterauer Tintenfass« genannt wird.

»Hier ist es gruselig, dort drüben steht der Galgen«, sagt Zdenko und zeigt auf eine bewaldete Anhöhe unweit der Burg.

»Wie unheimlich!«

»Die Stadt Gießen ist für Leute von unserem Volk auch

unheimlich. Dort sind vor vielen Jahren fünfundzwanzig unserer Verwandten öffentlich hingerichtet worden.«

»Warum denn das?«

»Sie haben Dinge getan, die den Gadschen nicht gefallen haben. Ich weiß es nicht so genau ... Jedenfalls gehen wir deswegen nicht gerne nach Gießen.«

Ludwig fällt die Freundlichkeit der Leute in Gießen ein, als er mit der kranken Mutter auf dem Ziegenkarren in die Stadt einfuhr. Seitdem mag er alle Menschen, die in Gießen wohnen. Eigentlich war Gießen sein Reiseziel gewesen, aber nun hat er ein besseres: Lodz in Russisch-Polen.

In der Nacht stößt Marilis Ludwig in die Seite. »Was hast du?«, fragt er verschlafen. »Ich kann nicht wieder einschlafen. Ich muss immer daran denken.«

»Woran musst du denken?«

»An die Menschen, die an dem Galgen aufgehängt worden sind.«

»Das sind doch Verbrecher gewesen. Die haben eine solche Strafe doch sicherlich verdient.«

»Das meine ich doch nicht. Du hast doch gesagt, dass jeder Mensch eine Seele hat, die nicht sterben kann.«

»Ja, das hat unser Lehrer so erzählt.«

»Und wenn die Menschen nun tot sind, wo bleibt ihre Seele dann?«

»Der Lehrer hat gesagt, sie kehrt zu Gott zurück.«

»Auch die Seele von Verbrechern?«

»Die kommt in die Hölle.«

»Und wenn der Mensch nun gar kein Verbrecher war und die Leute nur gedacht haben, er wäre einer?«

»Ach Marilis, das weiß ich nicht genau. Da müssen wir einen Pfarrer fragen.«

»Wir können ja im nächsten Dorf zum Pfarrer gehen.«

»Vielleicht. Aber weißt du was? Ich bete mit dir, wie das meine Mutter früher immer mit mir getan hat. Dann kannst du bestimmt wieder einschlafen.«

»Meinst du wirklich?«

»Ganz bestimmt«.

»Gut, dann bete mit mir.«

Ludwig faltet seine Hände und betet das Gebet, das seine Mutter oft mit ihm gesprochen hat: »Breit aus die Flügel beide, o Jesu, meine Freude, und nimm dein Küchlein ein. Will Satan es verschlingen, so lass die Engel singen: Dies Kind soll unverletzet sein. Amen.«

Wieder wenige Tage später erreicht die Sippe ein kleines Dorf mit dem Namen Grüningen. Mitten im Ort befindet sich ein mit Büschen und Sträuchern überwucherter Steinhaufen, den die Bewohner »die Burg« nennen. In alten Zeiten muss dort einmal ein Gebäude gestanden haben, jetzt sind nur noch ein paar Kellergewölbe übrig. In der Mitte der Ruine ist ein freier Platz, wo die Sippe ihre Zelte aufschlägt und die Wagen abstellt.

Die Rast ist dringend nötig geworden, weil eine schwangere junge Frau nicht mehr weiterlaufen kann. Sie rechnet jeden Tag damit, dass ihr Kind zur Welt kommt. Am Abend zieht sie sich in Begleitung ihrer Mutter in eines der Kellergewölbe zurück. Später wird auch die Puri dai dazugerufen.

Am nächsten Morgen kommen die Großmutter des Neugeborenen und die Puri dai mit einem kleinen Mädchen ins Freie, das die junge Frau dort im Keller geboren hat. Den wirklichen Namen des Kindes wird niemand erfahren, den raunt die Mutter ihm ins Ohr. Der Name, mit dem die Sippenangehörigen das Kind rufen werden, wird nun von der Puri dai bekannt gegeben: Die Kleine soll Darya heißen. Es herrscht überall große Freude über das neue Sippenmitglied.

Als Erstes wird das Kind in fließendes Wasser am Laufbrunnen getaucht. Das ist unbedingt erforderlich, um seine ›Reinheit‹

herzustellen. Nachher wird die in Tücher gewickelte schreiende neue Erdenbürgerin von Arm zu Arm gereicht. Alle staunen über das kleine Wunder.

Bald darauf macht sich der Vater der kleinen Darya auf den Weg zum Pfarrer, denn er möchte, dass seine Tochter die christliche Taufe erhält. Am nächsten Morgen wird Darya zur Kirche gebracht. Das ist ein aufregendes Ereignis, an dem alle Mitglieder der Sippe teilnehmen, natürlich auch Marilis und Ludwig.

An der Kirchentür erwartet der Geistliche bereits den Täufling und seine Begleiter. Pfarrer Moritz von Stückrath ist ein freundlicher, älterer Herr, der sich nicht verheiratet hat. Dennoch mag er Kinder sehr gern. Er bewundert die Kleine mit ihren schwarzen Löckchen, die man heute zur Taufe bringt. Dann schaut er sich die Sippe aufmerksam an. Immer wieder bleibt sein Blick an Marilis hängen.

Langsam führt er die Tauffamilie an den Taufstein in der Kirche. Die Paten, Angehörige der Sippe, stellen sich im Kreis um das Taufbecken auf. Die Kinder, darunter auch Marilis, drängen sich zwischen den Erwachsenen hindurch, um genau zu sehen, was jetzt mit der Kleinen geschieht. Der Pfarrer vollzieht nun die Taufhandlung, indem er etwas Wasser über das Köpfchen der Kleinen träufelt.

»Darya, ich taufe dich auf den Namen Gottes des Vaters und des Sohnes und des heiligen Geistes.« Merkwürdig, dass er immer wieder Marilis anblickt.

Als die Taufgesellschaft sich anschickt, die Kirche zu verlassen, zupft der Pfarrer Marilis, die ganz am Schluss der Sippe läuft, an der Jacke.

»Wie heißt du denn, mein Kind?«, fragt der freundliche Mann. Marilis dreht sich erschrocken um. »Ich heiße Marilis … äh nein, ich heiße Sorka.«

»So«, sagt der Pfarrer. »Sorka heißt du. Und wie kommst du darauf, dass du Marilis heißt?«

»Das war früher … äh … Ludwig, sag du doch …«

Marilis merkt, dass sie einen Fehler gemacht hat. Ludwig, der vorangegangen ist und von dem Gespräch bisher nichts bemerkt hat, wendet sich um.

»Was ist denn?«, fragt er erstaunt.

»Dieser Mann hat mich gefragt, wie ich heiße.«

»Na, das weißt du doch. Dein Name ist Sorka. Und ich heiße Iliko«, sagt Ludwig freundlich.

»Ich wundere mich nur, dass dieses kleine Mädchen mir zuerst einen anderen Namen genannt hat. Wie war der noch?«

»Marilis«, sagt die Kleine.

Ludwig macht eine abwehrende Bewegung. »Nein, nein, dein Name ist Sorka.«

»Du hast schöne blaue Augen, Sorka-Marilis – und auch du, Iliko oder Ludwig, wie du vorher genannt wurdest, du hast blaue Augen, wie man sie bei den Heiden ganz selten findet.«

»Aber wir sind Heidenkinder«, beteuert Ludwig, dem die Sache langsam unheimlich wird. Er nimmt Marilis an der Hand und zieht sie hinter sich her.

Am Nachmittag sind Ludwig und Marilis wieder mit Zdenko und dem Bären Martin unterwegs. Sie geben auf den Gassen des Dorfes ihre übliche Vorstellung. Als sie unter der alten Linde in der Nähe des Pfarrhauses angelangt sind, stellt sich auch der Pfarrer unter die Zuschauer. Mehrfach spricht er die beiden an, aber Zdenko antwortet immer schnell, sodass niemand von ihnen zu reden braucht. Schließlich wendet sich der Pfarrer um und kehrt in sein Haus zurück, nicht ohne Zdenko noch einmal gefragt zu haben, wo sich das Lager der Sippe befindet.

Es ist lange hell an diesem Tag, denn es gibt keine Wolken am Himmel. Die Sonne strahlt in wunderschönem Rot und nähert sich allmählich dem Horizont. Ludwig sagt zu Marilis, die am

Feuer sitzt, während die anderen Zigeunerkinder zwischen den Büschen in der alten Burg herumrennen: »Heute will ich der Sonne wieder eine Nachricht für meine Mutter mitgeben. Ich muss ihr doch sagen, dass wir nach Lodz gehen wollen.«

»Aber Ludwig, hier ist doch gar kein Baum, auf den du steigen kannst.«

»Ich gehe dort oben zu dem alten Turm. Von dort aus kann ich die Sonne gut sehen.«

»Aber bleib nicht so lange weg, Ludwig. Sonst habe ich Angst.«

»Du Angsthäschen. Ich lasse dich doch nicht im Stich.«

Ludwig steigt eine lang gestreckte Erhebung hinauf, an deren höchster Stelle ein Turm mit unförmig dicken Mauern aufragt. Er weiß nicht, dass dies die Überreste einer Windmühle sind, die von niederländischen Mühlenbauern seinerzeit erbaut, dann aber durch ein Feuer zerstört worden ist. Als er neben dem wuchtigen Gemäuer steht, wundert er sich über die schöne Aussicht, die man von hier oben hat. Über den westlichen Bergen geht gerade die Sonne unter und taucht alles in ein warmes, goldenes Licht.

»Liebe Sonne«, redet er sie an, »sag doch meiner Mutter, wenn du sie nachher siehst, dass Marilis und ich einen Mann getroffen haben, der uns erzählt hat, dass der Kaiser von Russland junge Leute sucht, die in Lodz arbeiten wollen. Marilis und ich, wir wollen dort hingehen. In Lodz kann man gut leben und reich werden, hat der Abgesandte des Kaisers gesagt.«

Neben dem Turm setzt Ludwig sich nieder mit dem Rücken zur Mauer. Es ist wunderschön hier oben an diesem warmen Sommerabend. Er schaut den letzten Strahlen der Sonne nach, bis sie ganz hinter den Bergen im Westen verschwunden ist. Er kommt ins Träumen. Wie war das damals, als er noch bei der Mutter lebte, als er abends immer die Ziegenmilch trank, die Metta gegeben hatte? Wie es seiner Ziege jetzt wohl erging? Ob die Leute seines Heimatdorfes ihn und Marilis wohl gesucht hatten? Vielleicht war die Gote ja froh darüber, dass sie ihre Nichte nicht mehr zu versorgen brauchte? Schade nur, dass er seine Konfirmation nicht mehr feiern konnte …

Im Dorf unten hört er Glocken läuten. Seit seiner Flucht hat er keinen Gottesdienst mehr besucht. Heute, als er bei der Taufe der kleinen Darya zum ersten Mal wieder eine Kirche betreten hat, ist ihm aufgefallen, dass er etwas vermisst. Er singt so gerne und kennt die vielen schönen Lieder auswendig. Aber kann er als Heidenjunge in einen Gottesdienst gehen? Würden ihn die Leute nicht wegschicken?

Plötzlich schrickt er auf. Es ist kühl geworden, und die Dämmerung ist hereingebrochen. Er muss ein wenig eingenickt sein. Kurz reckt er sich, dann springt er auf und läuft hinunter ins Dorf. Dort scheint etwas los zu sein. Er drückt sich in den dunklen Torbogen eines Bauernhofes und späht zur ›Burg‹ hinüber.

Er sieht Männer in Uniform, sie haben ihr Lager umstellt. Aufgeregtes Reden verrät ihm, dass man bei den Heiden etwas sucht. Alle Bewohner des Zigeunerlagers werden schließlich herausgeführt. Die Uniformierten tragen Fackeln in den Händen und leuchten ihnen ins Gesicht. Im Schein der Lampen erkennt Ludwig den Pfarrer.

»Hier, das ist die Kleine, die kein richtiges Zigeunerkind sein kann. Ich habe die hellen Augen deutlich gesehen …«, hört er den Pfarrer rufen. Und dann hört er, wie der Pfarrer fragt: »Bist du die Marilis?« Er scheint keine Antwort erhalten zu haben, denn er fragt nochmals: »Bist du die Marilis?«

Ludwig kann die Antwort nicht hören, aber der Pfarrer fragt weiter: »Sag mir, kleine Marilis, aus welchem Dorf kommst du?« Wieder kann Ludwig nicht verstehen, was Marilis antwortet, aber der Pfarrer ruft: »Dann kommst du ja aus dem Taunus, gar nicht so weit von hier. Hast du da denn keine Eltern?«

Marilis spricht nun etwas lauter, offensichtlich fürchtet sie sich nicht mehr vor dem Pfarrer. »Nein, die sind tot.«

»Aha, du bist also ein Waisenkind. Erzähl doch, wie du zu den Zigeunern gekommen bist. Haben sie dich gestohlen?«

»Gestohlen? Nein, der Ludwig und ich, wir sind in den Wald gelaufen, weil wir wegrennen mussten.«

»Ihr musstet wegrennen?«

»Ja, weil der Ludwig eine Wurst für meine Gote gestohlen hat, damit sie mich nicht schlägt. Aber die Len hat das gemerkt, und da hat der Ludwig mich geholt, und wir sind in den Wald gelaufen. Im Steinbruch waren die Zigeuner, die waren ganz lieb zu uns und haben uns zu essen gegeben. Da sind wir bei ihnen geblieben.«

»Ich verstehe zwar noch nicht alles, was du mir erzählt hast, liebe kleine Marilis, aber ich glaube, dass das die Zigeunersippe entlasten wird. Wo ist denn der Ludwig?«

»Der wollte noch der Sonne eine Nachricht an seine Mutter mitgeben. Die ist nämlich gestorben. Der muss bald kommen.«

»Hat der Ludwig noch einen Vater?«

»Nein, der Ludwig hat niemanden mehr. Deswegen ist er ja auf dem Bachhof gewesen.«

»Und ihr seid zusammen fortgelaufen?«

»Ja, das habe ich doch schon gesagt. Weil der Ludwig gestohlen hat.«

Der Pfarrer richtet sich auf. »Meine Herren, ich denke, der Fall ist klar. Der Junge namens Ludwig, der schon älter sein muss, hat dieses kleine Mädchen seinen Erziehern entwendet und mit ihm bei den Zigeunern Unterschlupf gefunden. Hier hat er das Kind gezwungen, wie ein Heidenkind zu leben. Das muss nun unbedingt anders werden. Ich werde das Mädchen, wenn es sich so verhält, wie es angibt, in meinen Haushalt aufnehmen. Meine Schwester wird sich um die Kleine kümmern, und ich werde ihr eine gute Erziehung angedeihen lassen. Was den Jungen betrifft, so sollte er in ein Besserungshaus gebracht werden, sobald man seiner habhaft geworden ist. Er muss einen üblen Charakter haben. Wenn ich es recht verstanden habe, dann hat er gestohlen und ein Kind entführt. Habe ich Recht, Herr Gendarm?« »Ich denke, Herr Pfarrer, dass Eure Vorschläge wohl durchdacht sind.«

»Dann könnt Ihr diese Heiden, die ein Neugeborenes bei sich haben, jetzt in ihr Lager zurückkehren lassen, Herr Gendarm. Sie haben sich nichts zu Schulden kommen lassen, außer dass sie die Kinder bei sich behalten haben.«

»Das kann ich allein nicht entscheiden, Herr Pfarrer. Ich werde sie in jedem Fall zur näheren Untersuchung des Falles nach Gießen bringen müssen.«

Der Pfarrer wendet sich wieder an Marilis. »Ist der Ludwig hier dabei?«, fragt er und zeigt mit der Hand auf die jungen Burschen der Sippe.

»Nein«, sagt Marilis, »hier ist er nicht. Er hat aber gesagt, dass er bald zurückkommt.«

»Der wird uns durch die Lappen gegangen sein«, meint der Gendarm, »aber wir werden ihn schon aufgreifen. Sobald wir ihn haben, bringen wir ihn in das Besserungshaus in Friedberg. Und es wäre gut, wenn Ihr, Herr Pfarrer, einen Begleitbrief vorbereitet, den wir im Besserungshaus vorlegen.«

Auf der Flucht

Ludwig hat genug gehört. So schnell ihn seine Beine tragen, rennt er davon. Erst einmal hinaus aus dem Dorf. Dann überlegt er: In südlicher Richtung liegt Friedberg, wo das Besserungshaus ist. Diese Richtung wird er auf keinen Fall einschlagen. Und in westlicher Richtung befindet sich Gießen, wohin die

Gendarmen nun die Sippe der Puri dai bringen werden. Den Männern mit den Uniformen möchte er auf keinen Fall in die Arme laufen. Es bleibt ihm nur die nördliche oder die östliche Richtung.

Er entscheidet sich für den Osten, denn erstens ist die Richtung, wo die Sonne aufgeht, leicht zu finden, und zweitens liegt im Osten Lodz, das Ziel seiner Reise. Am Horizont im Westen ist nur noch ein fahler Lichtschimmer zu sehen. Er wandert also genau in die entgegengesetzte Richtung, die dann wohl nach Osten führen muss.

Die ganze Nacht hindurch hastet Ludwig über finstere Straßen und Wege. Die Dörfer versucht er zu umgehen, denn dort beginnen immer die Kettenhunde wild zu kläffen, sobald ein Fremder sich nähert. Auch um die Stadt Lich macht er einen Bogen.

»Um Marilis muss ich mir jetzt keine Sorgen machen«, denkt er. »Die ist bei dem Pfarrer bestimmt gut aufgehoben. Eigentlich ist er ja ein freundlicher Mann. Aber dass er mich für so schlecht hält, dass ich in ein Besserungshaus soll!?«

Ludwig bleibt stehen. Neben dem Weg, der durch lichten Wald führt, sieht er einen kleinen Bach fließen. »Irgendwie muss ich versuchen, die braune Farbe von meinem Gesicht abzuwaschen. Und die schwarze Schmiere muss auch aus den Haaren heraus.« Zum Glück ist es nicht ganz dunkel, denn der Mond, obwohl noch nicht voll, spendet ein mattes Licht. Ludwig steigt zum Bach hinunter, legt seine Kleider ab und beginnt sich zu waschen. Da er keine Seife hat, dauert es lang, bis sich etwas Erfolg zeigt. Ob sein Gesicht wieder ganz sauber geworden ist, kann er nicht sehen. Genauso geht es ihm mit den Haaren. Immer wieder schöpft er Wasser mit den beiden Händen und gießt es sich über die Haare und den Körper. Zum Glück ist er nach dem hastigen Lauf so erhitzt, dass es lange dauert, bis er zu frieren beginnt. Dann schlüpft er, nass wie er ist, wieder in seine

Kleider und beginnt erneut, schnell zu laufen. So wird ihm warm – und zugleich bringt es ihn weiter weg von den Menschen, die ihm nachstellen.

Gegen Morgen überfällt ihn die Müdigkeit, und auch sein Magen meldet sich, weil er lange nichts gegessen hat. Ludwig reißt Weizenähren ab und zerreibt sie zwischen den Fingern. Die noch grünen Körner steckt er sich in den Mund. Sie schmecken süßlich, aber es dauert eine ganze Weile, bis er satt ist. In einem Unterstand für Vieh am Rande einer Weide legt er sich schlafen.

Lautes Muhen weckt ihn. Er kann nicht lange geschlafen haben, denn die Sonne steht noch immer nicht hoch am Himmel. Es dauert eine Weile, bis er sich zurechtfindet.

»He, wach auf! Komm da raus! Wer bist denn du?«

Ludwig erschrickt, als er plötzlich einen Hütejungen erblickt, der nicht viel anders gekleidet ist als er selbst.

»Wie siehst du denn aus? Was machst du hier? Wo bist du hergekommen?«

Ludwig berichtet. Er erfährt, dass der Junge Adam heißt, Sohn eines Tagelöhners ist und als Hütejunge gerade die Rinder seines Herrn auf die Weide gebracht hat.

»Du siehst ein bisschen aus wie ein Heidenjunge«, meint Adam.

Ludwig lacht. »Ich müsste mich einmal gründlich waschen. Hast du ein Stück Seife?«

»Hier auf der Weide bestimmt nicht. Aber meine Mutter hat neulich Seife gemacht. Ich kann dir morgen ein kleines Stück mitbringen.«

»Und wo soll ich so lange bleiben?«

»Versteck dich drüben im Wald. Morgen früh pfeife ich, dann kannst du kommen.«

Verlangend blickt Ludwig auf Adams Vespertasche. »Hast du etwas zu essen für mich?«

»Nimm dir ein Stück Brot raus«, erlaubt Adam großzügig. »Zu trinken gibt es hier auch genug. Komm, ich habe ein Schälchen; wir gehen zur Bella, die lässt sich sogar beim Grasen melken.«

Und so kommt Ludwig zu seinem »zweiten« Frühstück: trockenes Bauernbrot mit warmer Kuhmilch.

»Du kannst hier im Viehschober ruhig schlafen, wenn du willst, aber du kannst auch in den Wald gehen. Da drüben liegt ein umgestürzter Baum, siehst du? Unter der Wurzel ist eine trockene Höhle entstanden, wo du schlafen kannst.«

Ludwig entscheidet sich für die Höhle im Wald. Am Nachmittag geht er zurück zu Adam, der ihn nochmals mit frischer Milch von Bella versorgt. Er erinnert ihn an das Seifenstück.

Am nächsten Morgen kann Ludwig die Ankunft des Hütejungen kaum erwarten. Als er das kleine Stück Seife in seiner Hand erblickt, wäre er ihm vor Freude fast um den Hals gefallen. Mehrmals seift er sich von Kopf bis Fuß ein und wäscht alles im Bach wieder ab. Zweimal noch schickt Adam ihn an den Bach zurück, weil er hinter dem linken Ohr noch braune Flecke hatte und auch auf dem Rücken noch Spuren der Tinktur sichtbar waren. Nach mehrmaligem Waschen zeigen auch die Haare wieder ihre natürliche braune Farbe. Ludwig wäscht seine Kleidung gleich mit und hängt sie zum Trocknen an die Äste der Bäume. Bei dem trockenen, heißen Wetter kann er abends alles wieder anziehen.

»Von deiner Seife ist nichts übrig geblieben«, muss er Adam gestehen, aber der lacht nur. »Jetzt siehst du wieder aus wie einer von uns. Nur deine Jacke ist sehr bunt.«

»Du kannst mich ja Distelfink nennen«, sagt Ludwig. »Ich möchte nun aber gerne weiter Richtung Sonnenaufgang wandern. Kannst du mir raten, wie ich da am besten vorankomme?«

»Geh am besten erst einmal nach Laubach. Vielleicht kannst du auch im Schloss beim Grafen Arbeit finden. In der Erntezeit suchen sie immer Leute.«

»Ich danke dir für alles, Adam.«

»Lass gut sein. Viel Glück auf deiner Reise.«

In Laubach findet ein Jahrmarkt statt. Ludwig hofft, hier irgendwo helfen und damit etwas verdienen zu können. Auf dem Marktplatz, der von ehrwürdigen Fachwerkhäusern umsäumt ist, sind viele Buden aufgebaut. Zuckerzeug, Kurzwaren, bunte Tücher, Messer, Würstchen und vieles andere mehr, was ein Herz entzücken kann, gibt es dort zu kaufen.

Auch allerlei Gaukler haben sich eingefunden. Die Kinder bestaunen einen Mann, der Feuer verschlucken und anschließend wieder ausspeien kann. In einer Bude kann man ein wildes Krokodil betrachten; aber man darf ihm nicht zu nahe kommen, weil es Menschen angreift und womöglich gar verschlingt.

Am Rand des Marktes gibt es ein ganz possierliches Schauspiel. Ein alter Mann mit schütterem weißem Haar und einem ganz runzligen Gesicht zeigt Kunststücke mit zwölf wunderschönen weißen Tauben. Neben ihm steht ein Handwagen mit einem Käfig darauf. Im Moment sitzen die Tauben auf einem blanken Nickelreifen, der schwingend in einer weiten Gabel aufgehängt ist und sich mit den schaukelnden Tieren langsam um sich selbst dreht. Eine Stange auf einem festen eisernen Fuß trägt den Reifen.

»Kommt und schaut euch die Tauben des alten Michalak an!«, ruft der Mann laut in die Runde. Neugierig treten Junge und Alte näher, der ungewöhnliche Anblick der zierlichen Vögel hat sie angelockt. Als der alte Mann sich davon überzeugt hat, dass genügend Zuschauer vorhanden sind, gibt er ein leises Kommando. Gleichzeitig fliegen die Tiere auf. Zwölf schneeweiße Flügelpaare flattern wie eine leuchtende Wolke dicht über seinem Kopf. Noch ein Ruf des Mannes, und sie kommen wieder herunter. Zu zweien, dich aneinander geschmiegt, setzen sie sich ihm auf jede Schulter, auf jede Hand, auf jeden Fuß und bleiben da geduldig sitzen. Dann lässt er sie durch eine leichte Bewegung nach und nach auf den blanken Reifen zurückfliegen. Zunächst stellt der sich bedenklich schräg, aber als alle Tauben auf ihm Platz genommen haben, kommt er zurück ins Gleichgewicht und beginnt sich wieder zu drehen.

Noch während die Zuschauer die Tauben auf dem Reifen bestaunen, geht Michalak mit vorgehaltener Mütze im Kreis herum und bittet um eine Gabe. Die paar Münzen, die man ihm hineinwirft, sammelt er ein, bedankt sich artig durch eine Verbeugung, hält dann den sich langsam drehenden Reifen an und setzt die Tauben liebevoll in den Käfig zurück.

Ludwig ist von den zarten Tierchen genauso begeistert wie die anderen Zuschauer. Er bleibt in der Nähe des Alten und beobachtet ihn. Irgendwie fühlt er sich zu ihm hingezogen. Vielleicht gefallen ihm die gütigen, überaus freundlichen Augen des Mannes. Nach einer halben Stunde holt Michalak die Tauben wieder aus dem Käfig heraus, setzt sie auf den glänzenden Reifen und ruft: »Kommt und schaut euch die Tauben des alten Michalak an!« Wieder wartet er, bis sich genügend Zuschauer angesammelt haben, bevor er die Tauben über seinem Kopf schweben und sich dann auf ihm niedersetzen heißt.

Ludwig ist einfach hingerissen. Er bleibt bei Michalak stehen und wartet eine weitere halbe Stunde ab, um das Schauspiel noch einmal zu sehen. Jetzt stellt er sich ganz dicht neben Michalak. Die kleinen gefiederten Turner erscheinen ihm in ihrer vertraulichen Folgsamkeit als das Lieblichste und Rührendste, das er je gesehen hat. Jetzt fliegen sie als schimmernd weiße Wolke über ihm. Und dann geschieht es. Eine Taube, durch irgendwelche Umstände verwirrt, flattert etwas unsicher umher und fliegt Ludwig gegen die Brust. Ganz behutsam umschließt er sie mit seinen Händen und fühlt durch das seidenweiche Gefieder hindurch die Wärme ihres Körpers und ihr schnell pochendes Herz.

Ludwigs glückliches Lächeln fällt den Zuschauern auf, die ihn möglicherweise für einen Sohn oder Enkel des alten Schaustellers halten. Sie reichen ihm einige Münzen, und verlegen nimmt er sie an. Als er noch mit Zdenko und Marilis unterwegs war, hat immer nur Zdenko die Gaben in Empfang genommen. Jetzt bekommt er selbst Geld gereicht.

Michalak merkt, dass die Zuschauer denken, diese Störung gehöre zum Programm. Am Ende lässt er alle Tiere wieder auf dem Reifen Platz nehmen, nimmt dann die letzte Taube aus Ludwigs Händen und setzt sie unter leisem Zureden in den Kreis der übrigen hinein.

Als die Zuschauer gegangen sind, sperrt er die Tauben wieder in den Käfig und fordert Ludwig das Geld ab. Zufrieden murmelnd steckt er die Handvoll Münzen in seine Hosentasche. Bei der nächsten Vorstellung geht Ludwig schon mit der Mütze im Kreis herum und sammelt das Geld ein.

Schließlich fragt der Alte ihn: »Du stehst doch schon den ganzen Tag hier bei mir. Musst du denn gar nicht nach Hause?«

»Ich habe kein Zuhause mehr«, sagt Ludwig. »Meine Eltern sind tot.«

»Und Verwandte hast du auch nicht, bei denen du wohnen könntest?«

»Nein. Sie haben mich zu einem Bauern gegeben, aber da konnte ich nicht bleiben.«

»Ja, aber wo willst du denn hin?«

»Ich will nach Lodz. Dort werden junge Männer gebraucht, die arbeiten wollen.«

»Sieh mal an! Auf halbem Weg dorthin liegt meine Heimatstadt.«

»Kann ich bei Euch bleiben?«, fragt Ludwig unvermittelt. »Ich will fleißig für Euch arbeiten und …«

»Jetzt hör mir einmal zu! Ich will dich gerne bei mir behalten, aber du musst mir die Wahrheit sagen. Stimmt es wirklich, dass du keine Eltern mehr hast? Oder bist du ein abenteuerlustiger Ausreißer, der mir etwas vorgeschwindelt hat? Ich möchte nicht, dass man dich bei mir findet, wenn die Gendarmen dich suchen, verstehst du?«

Ludwig hebt die drei Finger der Schwurhand: »Ich will tot niederfallen, wenn ich die Unwahrheit gesprochen habe. Das heißt, es könnte sein, dass sie mich suchen, weil ich in ein Besserungshaus gebracht werden soll. Dabei habe ich doch nur Eier und eine Wurst gestohlen.«

»Das musst du mir heute Abend erzählen.«

Bei Michalak

Am Abend – es hat noch einige Vorstellungen gegeben – zieht Ludwig den Wagen mit dem Vogelkäfig aus dem Städtchen hinaus ins freie Feld. »Morgen ist noch einmal Markt«, sagt der Alte. »Dann kommen die Bauern aus der Umgebung in die Stadt. Viel Geld haben sie zwar nicht, aber ein paar Münzen könnten es für uns schon noch werden. Deshalb wollen wir hier bleiben.«

Unter einem mächtigen Birnbaum an der Straße stellen sie den Wagen mit dem Käfig und den Geräten ab. Der Alte zieht einen Brotkanten aus der Tasche, bricht ihn durch und reicht Ludwig ein Stück. Der merkt erst jetzt, wie hungrig er ist. Gierig macht er sich darüber her. An dem harten Brot kauend, erzählt er Michalak seine Geschichte.

Schließlich meint er: »Es ist gut, wenn du bei mir bleibst.

Weißt du, ich bin alt und müde geworden. Ein Zuhause habe ich nicht mehr. Solange ich lebe, muss ich wandern. Da kommt mir ein junger Gehilfe gerade recht. Ich wandere in meine alte Heimat Niederschlesien und Breslau. Wenn wir dort sind, bist du deinem Ziel, der Stadt Lodz, schon ein gutes Stück näher.«

Der Alte streckt sich unter dem Baum aus. »Gute Nacht!« Ludwig wünscht ihm ebenfalls eine gute Nacht.

»Hast du Angst, hier draußen im Freien zu schlafen?«, will Michalak wissen.

»I wo, bei den Heiden habe ich anfangs auch unter freiem Himmel übernachtet.«

Ludwig erwacht am nächsten Morgen, weil er Geräusche hört. Noch schlaftrunken beobachtet er, wie der alte Michalak zu dem Karren geht, die Decke, die er am Abend zuvor über den Käfig gehängt hat, abzieht und den Tieren Futter gibt. Für sich selbst und Ludwig zieht er wieder ein Stück Brot hervor. Er bietet dem Jungen auch einen Trunk aus der großen Wasserflasche an.

Ludwig steht auf, isst und trinkt und sieht den zwölf Tauben zu, die sich gurrend spreizen, mit den Schnäbeln das weiße Gefieder glätten und dann eifrig picken. Als alle ihr Frühstück beendet haben, ergreift Michalak die geflickte Deichsel des Wagens und heißt Ludwig, hinten zu schieben.

An diesem Tag fallen die Einkünfte auf dem Markt tatsächlich geringer aus, so wie Michalak das vorausgesehen hat. Zwar gibt es viele Zuschauer, vielfach dieselben, die sich schon tags zuvor an den Kunststücken der Tauben erfreut haben, aber die Gaben gehen deutlich spärlicher ein.

»Morgen geht es hinauf auf die Höhen des Vogelsberg-Gebirges«, erklärt Michalak. Ludwig ist zufrieden damit. »Da müssen wir aber kräftig ziehen und schieben, denn erst geht es tüchtig bergauf.«

»Das macht nichts. Ich bin ja jetzt schon vierzehn Jahre alt und stark genug. Als ich die Mutter nach Gießen gebracht habe, musste ich auch kräftig schieben.«

Unten in der Wetterau beginnt schon die Getreideernte, aber in den Bergen hat es noch Zeit damit. Deswegen sind die kleineren Bauern alle als Erntehelfer hinunter in fruchtbare Gegend gegangen, um sich ein Zubrot zu verdienen. Zurückgeblieben sind die Frauen und Kinder. Alle freuen sich an den Kunststücken der Tauben, aber Geld ist in dieser armen Gegend knapp. Und so erhalten die beiden als Gaben oft nur Brot, oder sie werden zu einer Suppe eingeladen. Hin und wieder bekommen sie auch eine Tüte mit Futter für die Tauben.

Als sie bei Ulrichstein den Kamm des Gebirges erreicht haben, meint der alte Michalak augenzwinkernd: »Hier oben in der Kälte gibt es nur alle zwei Jahre frische Kirschen.«

»Warum denn das?«, fragt Ludwig ungläubig.

»Ganz einfach. Im ersten Sommer reifen sie nur auf einer Seite. Im nächsten Sommer müssen sie dann herumgehängt werden, damit sie auf der Rückseite auch noch rot werden können.«

»Ach, Ihr wollt mich uzen ...« Ludwig lacht.

Michalak ist glücklich, dass Ludwig jetzt bei ihm ist. Der Mann, der zwar keines Menschen Feind, aber eigentlich auch keines Menschen Freund ist, entwickelt richtiggehend väterliche Gefühle für den elternlosen Jungen. Er ist stolz, wenn die Zuschauer den Jungen für seinen Sohn oder Enkel halten, und besonders freut es ihn, dass er sich auf diesen Jungen immer verlassen kann. Und Ludwig? Er hat noch nie so nahe mit einem Mann zusammengelebt und freut sich an der Zuneigung, die ihm dieser väterliche Mensch entgegenbringt.

Über Lauterbach erreichen sie die Bischofsstadt Fulda.

Michalak erklärt: »Hier unten im Dom befindet sich das Grab von Bonifatius, dem Apostel der Deutschen. Da kommen oft fromme Pilger hin, die sich nach der langen Reise über etwas Abwechslung freuen. Erfahrungsgemäß machen sie immer etwas Geld locker, wenn sie die Tauben gesehen haben.«

»Von Bonifatius hat mein Lehrer einmal erzählt. War das nicht der Mann, den die Friesen erschlagen haben?«

»Richtig. Weil sie keine Christen werden wollten.«

»Kennt Ihr die Geschichte von Bonifatius genau?«

»So einigermaßen.«

»Ach bitte, erzählt mir doch davon! Ich habe in der Schule nicht recht zugehört.«

»Bonifatius, eigentlich hieß er Winfrid, stammte aus England. Er wurde Mönch und erfuhr durch seine Studien, dass die Deutschen noch keine Christen waren, sondern weiterhin zu ihren heidnischen Göttern beteten. Da spürte er Gottes Ruf, zu den Deutschen über das Meer zu fahren und ihnen das Wort Gottes zu predigen. Er gründete verschiedene Klöster, so auch hier das Kloster in Fulda.«

»Hat er auch diesen schönen Dom bauen lassen?«

»Nein, der ist erst später entstanden. Aber an dieser Stelle stand die Kirche, die Bonifatius erbauen ließ.«

»Und sein Grab ist hier unten drin?«

»Wir schauen es uns nachher an, wenn es uns gestattet wird. Bonifatius ist aber besonders berühmt geworden, weil er die Donareiche, den heiligen Baum, gefällt hat.«

»Das hat unser Lehrer auch erzählt.«

»Die alten Hessen glaubten, dass ihr Gott Donar jeden Menschen töten würde, der es wagte, seinen heiligen Baum zu berühren. Bonifatius und seine Helfer kannten aber keine Furcht. Sie hieben den Baum um. Als das die alten Hessen sahen, merkten sie, dass ihr Gott machtlos war. Und sie wandten sich dem Christentum zu.«

»Sagt, woher wisst Ihr das alles?«

»Ach mein lieber Ludwig, glaubst du denn, ich wäre immer

ein fahrender Künstler gewesen? Ich habe einst eine gute Schule besucht. Du hättest mich sicherlich nicht erkannt, wenn du mich gesehen hättest, wie ich damals ausgesehen habe.«

»Erzählt mir davon! Bitte!«

»Ein andermal!«

Auf dem Platz vor dem Dom führen sie die Vorstellung mit ihren Tauben vor. Ludwig hat in der Zwischenzeit immer wieder geübt, das Gestell mit dem glänzenden Reifen, der sich dreht, sobald die Tauben darauf sitzen, auf seinem Kopf zu balancieren. Heute will er es erstmals öffentlich zeigen, und es gelingt hervorragend. Über dem Gestell auf seinem Kopf schweben die Tauben einige Augenblicke, dann fliegen sie zu Michalak, der sie zuletzt wieder auf den Reifen zurückbringt.

Die Zuschauer sind begeistert und spenden ihr Lob in klingender Münze. Selbst ein hoher geistlicher Herr schaut sich das Schauspiel mehrmals an und lässt Michalak und Ludwig sogar etwas zu essen bringen. Durch seinen Diener lässt er ihnen noch ausrichten, ihre Vorstellung habe ihn sehr erfreut, zumal die weiße Taube bekanntlich das Sinnbild des Heiligen Geistes sei.

In Fulda bleiben die beiden einige Zeit, bis auch hier ihre Einkünfte allmählich zurückgehen. Aber Michalak hat inzwischen ausreichend Geld eingenommen, dass er im Spätherbst, als das Wetter ein Weiterreisen nicht zulässt, für Ludwig und sich in einem billigen Dorfwirtshaus in der Rhön ein einfaches Quartier mieten kann.

»Im Dezember müssen wir in Erfurt auf dem Weihnachtsmarkt sein«, sagt Michalak. Aber die Herbststürme zwingen die beiden zum Aufenthalt. Oft liegen sie in dem kleinen Zimmerchen auf dem aufgeschütteten Stroh. Michalak schläft viel, was Ludwig aber nicht kann. Dutzende Male am Tag läuft er in den Stall und schaut nach, ob es den Tauben gut geht. Dann legt er sich wieder aufs Stroh, weil man sich draußen nicht gut aufhalten kann.

Er kommt ins Nachdenken. Wie wird es Marilis gehen? Er ruft sich in Erinnerung, was der Pfarrer in Grüningen gesagt hat, nämlich dass Marilis in seinem Haus leben sollte. Das beruhigt ihn. Andererseits beruhigt es ihn wieder nicht. Wenn es ihr dort nun nicht gefällt? Sie hat doch nur ihn, den Ludwig. Wird sie nicht traurig darüber sein, dass er verschwunden ist? Sollte er heimlich nach Grüningen zurückkehren und versuchen, sie zu sehen, ihr zu erklären, wo er sich aufhält und wie er lebt? Aber dann würden sie ihn womöglich fangen und in das Besserungshaus nach Friedberg bringen. Und dann könnte er Marilis für lange Zeit nicht sehen. Vielleicht denkt sie auch gar nicht mehr an ihn, weil es ihr im Pfarrhaus gut gefällt und sie viele neue Freunde hat?

»Ich muss so schnell wie möglich nach Lodz gehen, dort ein reicher Mann werden und sie dann holen«, beschließt Ludwig bei sich. In der Zeit bis dahin kann er für sie nichts tun. Er kann nur für sie beten. Ob das hilft? Als die Mutter die schrecklichen Schmerzen im Magen hatte, da hat er auch gebetet, aber sie ist trotzdem nicht gesund geworden. Später hat er das Beten, zu dem seine Mutter ihn früher immer angehalten hatte, nach und nach vergessen. Nur um Marilis zu trösten, hat er manchmal ein Abendgebet gesprochen, aber das ist schon lange vorbei.

Er stößt Michalak vorsichtig an. »Sagt, Michalak«, fragt er den erschreckt Auffahrenden, »betet Ihr eigentlich?«

»Wie meinst du, Ludwig?«

»Ich möchte wissen, ob Ihr betet.«

»Ich? Leider bete ich nicht mehr. Warum fragst du?«

»Weil ich wissen möchte, ob es hilft. Oder ob das nur etwas für Kinder ist.«

»Nein, es ist nicht nur etwas für Kinder. Viele erwachsene Männer haben gebetet. Das Beten ist Sprechen mit Gott.«

»Ich spreche nicht mit Gott, aber mit meiner Mutter. Eigentlich spreche ich nicht mit ihr, sondern ich gebe der Sonne Grüße und Nachrichten mit. Die Sonne nimmt sie dann mit auf die andere Seite der Welt, wo meine Mutter jetzt ist, und richtet ihr alles aus. Sie braucht sich dann keine Sorgen um mich zu machen, wisst Ihr?«

»Aber Ludwig, das ist doch Unsinn. Wer hat dir denn so etwas gesagt?«

»Das hat unser Pfarrer mir erzählt.«

»Der Pfarrer meinte es gewiss gut mit dir, weil du noch so jung warst und allein in der Welt standest. Da sollte es dich trösten. Aber ich denke, du bist jetzt alt genug um zu wissen, dass das alles nur ein Märchen war.«

»Ein Märchen? Dann überbringt die Sonne meiner Mutter gar keine Nachrichten von mir?«

»Nein, ganz gewiss nicht.«

»Wo ist meine Mutter denn dann?«

»Die Bibel sagt, dass die Seelen der Verstorbenen bei Gott sind. Und der Leib wird am Jüngsten Tag, wenn das Ende der Welt gekommen ist, auferstehen.«

»Und macht sich meine Mutter keine Sorgen um mich? Kann sie mich nicht sehen?«

»Das weiß ich nicht. Darüber sagt die Bibel nichts.«

»Woher wisst Ihr das alles so gut? Ich meine, was in der Bibel steht?«

»Weil es eine Zeit in meinem Leben gegeben hat, in der ich viel in der Bibel gelesen habe.«

»Und jetzt tut Ihr das nicht mehr?«

»Leider nein.«

»Ihr wolltet mir doch von Euch erzählen. Bitte!«

»Also gut! So viel ist da ja nicht zu berichten.«

»Nicht? Aber Ihr seid doch schon mehr als siebzig Jahre alt.«

»Trotzdem. So höre. Geboren wurde der Heinrich Michalak

in der Nähe von Breslau in Niederschlesien. Meine Eltern waren einfache Landarbeiter. Ich fiel dem Lehrer auf, weil ich in der Schule, wenn ich denn hinging, sofort alles begriff und zuletzt schneller und besser lesen und rechnen konnte als er selbst. Die Geschichten aus der Bibel, die der Lehrer uns erzählte, behielt ich gut und konnte sie den Kindern, die nicht in der Schule gewesen waren, packender und lebendiger erzählen als der Lehrer.«

»Warum waren denn die Kinder nicht in der Schule gewesen?«

»Weil damals die Kinder noch sehr viel mit auf den Feldern arbeiten mussten. Deswegen wurde die Schule ja auch hauptsächlich im Winter abgehalten. Im Sommer gab es dann ganz lange Ferien. Nun gut, jedenfalls machte der Lehrer den Pfarrer auf mich aufmerksam. Der Pfarrer meinte, dass ich ein heller Kopf sei und sicherlich einmal Lehrer werden könnte. Deswegen gab er mir und noch zwei anderen Jungen nachmittags Privatunterricht. Er wollte mich für die Höhere Schule vorbereiten. Und dann schickte er mich nach Breslau ins Gymnasium. Er fand sogar jemanden, der das Schulgeld für mich bezahlte und mir einen Freitisch einrichtete, wo ich kostenlos essen durfte. Die Abschlussprüfung schaffte ich spielend. Ich durfte aufs Pädagogium gehen und studieren. Das hat mir viel Freude gemacht. Und ich stellte mich schon auf den Gedanken ein, einmal Lehrer in einem schlesischen Dorf zu sein. Aber es kam ganz anders.«

Michalak seufzt und schweigt.

»Und warum kam alles ganz anders?«, fragt Ludwig nach einigen Minuten.

»Weil ich ein Brausekopf gewesen bin. In unserer Anstalt herrschten strenge Regeln. So war es nicht erlaubt, sich während der Studienzeit mit einem Mädchen zu verloben. Das erschien mit unerträglich. Ich war damals noch keine zwanzig Jahre alt und verguckte mich in ein Mädchen mit einem hübschen

Gesicht. Später habe ich gemerkt, dass sie mich eigentlich gar nicht wollte. Es hat nur ihrer Eitelkeit geschmeichelt, dass ich ihr den Hof machte. Jedenfalls glaubte ich damals, dieses Mädchen sei die große Liebe meines Lebens. Als ich dann erfuhr, dass es noch einen anderen jungen Mann gab, der ihr zugetan war und dem sie gestattete, sie zu umarmen und zu herzen, da raste ich vor Eifersucht. In meinem Wahn ließ ich mich dazu hinreißen, mich mit meinem Nebenbuhler zu duellieren.«

»Was ist das: sich mit jemandem duellieren?«

»Das ist eine Sitte, oder eher Unsitte zwischen Männern. Beide haben eine Waffe, stellen sich in einer Entfernung von dreißig Schritten gegenüber auf und schießen dann abwechselnd oder gleichzeitig aufeinander. Morgens in aller Frühe trafen wir uns also vor der Stadt auf einer Wiese. Ich hatte den ersten Schuss, weil ich mich als der Beleidigte fühlte. Schließlich hatte der Gegner es gewagt, meine Herzallerliebste zu umwerben. Ich schoss und traf den anderen so unglücklich, dass er zu Boden stürzte. Ich glaubte, er sei tot. Ich flüchtete, weil ich fürchtete, bestraft zu werden. Außerdem wurde mir klar, dass ich das Pädagogium sowieso verlassen musste. Denn einen Mann wie mich, der sich wegen einer Frau mit einem Nebenbuhler duellierte, konnte man doch unmöglich zu einem Lehrer, zu einem Vorbild für die Kinder machen.«

»Hm, und wie ging es weiter?«

»Ich verließ Breslau, so schnell ich konnte, und schloss mich einer Zirkustruppe an. Aber auch dort konnte ich mich den Regeln nicht gut fügen und trennte mich wieder von den Artisten. Anfangs gab ich immer den anderen die Schuld, dass ich mich nicht einfügen konnte. Ich hielt sie für neidisch, hinterhältig, geldgierig oder unduldsam. Dann aber habe ich gemerkt, dass es meistens an mir gelegen hat, wenn es Schwierigkeiten gab. Deswegen bin ich dann nur noch alleine unterwegs gewesen. Da konnte ich dann mein eigener Herr sein.«

»Und von dem Mädchen habt Ihr nichts mehr gehört?«

»O doch. Gleich nach dem Duell habe ich meiner Herzliebsten von auswärts geschrieben und ihr alles erklärt. Aber da habe ich gemerkt, dass ihre Liebesbeteuerungen gar nicht echt gewesen sind, denn sie beschimpfte mich und machte mir heftige Vorwürfe, anstatt mich zu trösten. Sie wollte jedenfalls nichts mehr von mir wissen. Damals habe ich aufgehört, in der Bibel zu lesen, und auch das Beten habe ich unterlassen.«

»Aber es tut Euch jetzt Leid …«

»Ja, eigentlich schon. Es wäre alles ganz anders gekommen, wenn ich nicht so hitzköpfig gewesen wäre. Und ich hätte nicht so ganz und gar auf eigene Faust leben sollen. Aber das ist so, wenn man von Gott nichts mehr wissen will.«

»Ist es denn zu spät für Euch? Ich meine, gibt es denn nicht die Möglichkeit, mit Gott wieder anzufangen?«

»Schon, aber eigentlich traue ich mich nicht. Vielleicht schäme ich mich.«

»Irgendjemand muss das doch wissen. Der könnte es uns sagen.«

Häusliches Glück

Als der Pfarrer mit der verschüchterten Marilis das Pfarrhaus betritt, ruft er nach der Magd. »Kätta! Hole meine Schwester herbei. Und richte ein Bad!«

»Ein Bad? Mitten in der Woche? Für Euch selbst?«

»Nein, für das Mädchen hier!«

»Herr Pfarrer …« Die alte Magd ringt nach Worten. »Herr Pfarrer, Ihr werdet doch nicht von mir verlangen, dass ich dieses schmutzige Heidenkind baden soll.«

Marilis versteckt sich hinter dem Rücken des Mannes. »Dieses schmutzige Heidenkind ist gar kein Heidenkind, Kätta! Aber nun rufe meine Schwester, und dann säume nicht, das Bad zu richten!«

»Aber das ist doch unglaublich«, murmelt Kätta ihren Unmut in sich hinein. »Ein Heidenkind, das wie ein Heidenkind aussieht, ist kein Heidenkind. Unser Pfarrer wird doch merkwürdiger, je älter er wird.« Sie läuft die Treppe hinauf.

»Fräulein Amelie!«, schreit sie im oberen Geschoss des Pfarrhauses. »Fräulein Amelie, Euer Bruder verlangt nach Euch!« Dann läuft sie in die Waschküche, um unter dem Waschzuber Feuer zu machen.

Eine gepflegte Frau im Alter von etwa fünfzig Jahren kommt die steile Treppe herunter. Unter der Jungfernhaube schauen silberne Löckchen hervor, ihre Augen strahlen Freundlichkeit und Güte aus.

»Hast du nicht neulich noch gesagt, in unserem Haus sei es so still, weil nur alte Leute darin wohnten, liebe Amelie? Ab sofort wird das anders sein. Ich habe hier ein elternloses Kind mitgebracht, das vorerst oder auch für längere Zeit bei uns bleiben soll.«

Er tritt zur Seite, damit der Blick auf Marilis, die sich noch immer hinter dem Rücken des Pfarrers zu verstecken sucht, freigegeben ist. Fräulein Amelie stößt einen Schrei der Überraschung aus. »Aber mein lieber Moritz, das ist doch ein Heidenkind.«

Er schmunzelt. »Aber nicht mehr lange.«

»Wie meinst du das?«

»Das Kind hat ganz helle Augen und vermutlich auch blonde Haare. Die Zigeuner haben es nur ein wenig verändert. Du wirst die Kleine nach dem Bad kaum wieder erkennen.«

Fräulein Amelie geht auf Marilis zu und hält ihr die Hand zum Gruß hin. »Wie heißt du, Kleine? Ich bin jetzt erst einmal deine Pflegemutter. Du kannst Fräulein Amelie zu mir sagen. Und nun nenne mir deinen Namen!«

»Sorka heiße ich … nein, Marilis … Ach, ich weiß nicht!« Plötzlich rollen dicke Tränen über das Gesicht des Kindes. »Ludwig soll kommen. Wo ist denn mein Ludwig? Ich habe Angst, wenn er nicht da ist.«

»Aber Angst brauchst du doch vor mir nicht zu haben. Weißt du was? Wir werden dich jetzt baden, damit du wieder eine helle Haut bekommst. Danach sollst du etwas Gutes zu essen haben. Und wir werden schauen, ob wir Kleider für dich finden. Dann richten wir dir ein Bett ein, in dem du schlafen kannst. Willst du das?«

Marilis nickt und schluckt die Tränen tapfer hinunter. Fräulein Amelie erinnert sie ein ganz klein wenig an die Puri dai. Sie kann keine böse Frau sein, so wie die Gote es war.

»Na, Fräulein Schwester, du scheinst dich ja mit der neuen Hausgenossin gut zu verstehen. Führt mir die Kleine doch noch einmal vor, wenn ihr sie gebadet und eingekleidet habt. Ich bin neugierig, wie sie in Wirklichkeit aussieht.«

Als Kätta und Fräulein Amelie dem alten Pfarrer die Kleine in einem mehrfach aufgeschürzten Nachthemd präsentieren, kann der Pfarrer sein Erstaunen über die Lieblichkeit des Mädchens kaum zügeln.

»Kleine Marilis«, ruft er mehrmals aus, »was bist du für ein hübsches Frauenzimmerchen.« Marilis freut sich, dass er nicht böse mit ihr ist.

»Aber Ludwig …«, fragt sie, »was ist denn mit Ludwig? Kommt der auch hierher?«

»Vielleicht kommt er noch, aber er ist vor den Gendarmen weggelaufen«, sagt der Pfarrer. »Jetzt müssen wir abwarten.«

»Warum nennen die Leute mich immer Heidenkind, und Ihr sagt Zigeunerkind?«, möchte Marilis wissen.

»Ach, weißt du, als vor vielen Jahren die Zigeuner zuerst in unsere Gegend kamen, da wussten sie noch nichts von Gott: Sie waren noch ungetaufte Heiden. Deswegen nannten die Leute sie so.

Sie sagten Heiden zu den Zigeunern. Und diesen Namen haben sie behalten, auch als sie schon längst Christen geworden waren.«

Marilis nickt.

Fräulein Amelie bringt die Kleine zu Bett. »Bei uns ist es Sitte, vor dem Einschlafen zu beten«, erklärt sie dem Kind.

»Ludwig hat mit mir auch manchmal gebetet«, erklärt Marilis. »Breit aus die Flügel beide …«

»Siehst du«, lacht Fräulein Amelie, »genau dieses Gebet wollte ich gerade mit dir sprechen.«

Und gemeinsam betet die reife Frau mit dem plötzlich ins Haus gekommenen Kind den Liedvers aus dem bekannten Kirchenlied. Marilis schläft nach den Ereignissen dieses langen Tages schnell ein.

Fräulein Amelie erfährt an diesem Abend die ganze Geschichte: wie ihr Bruder auf die hellen Augen des Kindes aufmerksam geworden war, weil es seinen eigentlichen Namen neben dem Namen genannt habe, den ihm die Zigeuner gegeben hätten. Und dass ihm das Kind verraten habe, seine Eltern seien nicht mehr am Leben.

»Wenn die Kleine nun längere Zeit bei uns bleiben soll, müssen wir morgen in der Nachbarschaft ein paar Bauernkleider für sie leihen und außerdem die Schneiderin bestellen, damit sie ihr einige Kleider näht.«

»Wie du befindest, Fräulein Schwester, soll alles geschehen. Ich werde mich doch nicht gegen meine Regierung auflehnen.«

»Das will ich dem Herrn Bruder auch nicht geraten haben«, lacht Fräulein Amelie und droht ihm scherzhaft mit dem Finger.

Als Marilis am nächsten Morgen erwacht, benötigt sie einige Zeit, um sich zurechtzufinden. Erst langsam kommt ihr die Erinnerung an den gestrigen Tag. Sie ist hier beim Pfarrer im Pfarrhaus. Und eine freundliche Frau hat sie ins Bett gebracht und mit ihr zur Nacht gebetet. Schnell steht sie auf. In dem viel zu großen Nachthemd, das man ihr angezogen hat, huscht sie die Treppe hinunter in die Küche. Dort wirtschaftet Kätta, die alte Magd.

»Guten Morgen, Kleine«, sagt Kätta. »Hast du gut geschlafen?«

Marilis ist noch nie gefragt worden, ob sie gut geschlafen hat. Sie kann sich auch nicht vorstellen, dass man schlecht schläft. Deswegen antwortet sie nicht.

»Kannst du denn nicht ›Guten Morgen‹ sagen?«, fragt Kätta, nun etwas ungehalten über die offensichtliche Unhöflichkeit des Kindes.

»Was ist denn das, guter Morgen?«, fragt Marilis, die diesen freundlichen Gruß bei der Gote nie gehört hat und vorher bei ihrer Mutter nur das »Gemorje« des hessischen Dialekts kennen gelernt hatte. Kätta weiß auf diese Frage nichts zu antworten, und deshalb ist sie froh, als Fräulein Amelie in die Küche tritt.

»Ich wünsche dir einen guten Morgen, kleine Marilis«, sagt sie liebevoll. »Schau, was ich für dich habe! Ich bin in der Nachbarschaft gewesen und habe Bauernkleider für dich geholt. Die wollen wir dir gleich anziehen, und dann sollst du ein gutes Frühstück haben.«

Dieser gütigen Zuwendung kann Marilis nicht widerstehen. Sie lässt sich in die Arme der mütterlichen Frau fallen, die sie vorbehaltlos liebt. Anfangs noch etwas schüchtern, beginnt die Kleine sich zu öffnen. Und zugleich stellt sie viele Fragen.

»Hast du denn keine Kinder?«, fragt Marilis Fräulein Amelie.

»Nein, ich habe keine Kinder. Ich bin unverheiratet.«

»Dann bist du eine Magd, wie meine Gote eine war.«

»Nein, eine Magd bin ich nicht. Ich bin die Schwester des Pfarrers. Er hat auch nicht geheiratet. Und damit er nicht so allein ist und damit jemand aufpasst, dass er genug zu essen bekommt und nicht mit schmutzigen Kleidern herumläuft, deswegen bin ich da.«

»Du bist lieb. Wie früher meine Mutter. Aber die ist schon lange tot.«

»Weißt du, das musst du mir alles erzählen, wenn du gefrühstückt hast.«

Das Essen verläuft schwierig. Marilis versteht es nicht, auf eine Scheibe Brot ein wenig Zwetschenmus zu streichen. Und den guten Honig, den der Pfarrer von seinen eigenen Bienen bekommt, verschmäht sie sogar, denn sie kennt ihn nicht. Am liebsten will sie ein größeres Stück Brot trocken essen, wie sie es gewöhnt ist. Dabei lässt sie immer wieder schmatzende Geräusche vernehmen, die keineswegs ein Zeichen guter Tischmanieren sind. Eigentlich mag sie am frühen Morgen noch gar nichts essen. Bei der Puri dai musste sie auch erst mit Ludwig, Zdenko und dem Bär irgendwo eine Vorstellung geben, bevor es etwas zu essen gab. Das war meistens erst am späten Vormittag der Fall.

»Das Kind ist recht verwildert, Fräulein Amelie«, raunt Kätta ihrer Herrin zu. »Ob das wirklich kein Heidenkind ist? Man weiß ja auch nicht, woher das Mädchen stammt. Und ob es Euch die Mühe dankt, die Ihr Euch jetzt macht?«

»Ach Kätta, nun mach dir doch keine solchen Sorgen. Schau mal, die Kleine hat lange Zeit bei den Zigeunern gelebt. Da ist es doch kein Wunder, wenn sie deren Sitten angenommen hat.«

»Na ja, ich habe ja nur meine Gedanken.«

»Du kennst doch die Bibel, Kätta!«

»O, das will ich meinen, Fräulein Amelie.«

»Da weißt du doch auch, dass der Herr Jesus einmal zu seinen Zuhörern gesagt hat: Wer ein Kind aufnimmt in meinem Namen, der nimmt mich auf.«

»Natürlich weiß ich das, Fräulein Amelie.«

»Siehst du, genau das wollen wir tun. Wir nehmen ein Kind auf, von dem wir nicht wissen, woher es stammt. Es gibt an, keine Eltern mehr zu haben, das ist vorerst alles, was wir von ihm in Erfahrung bringen konnten. Und wir wollen es aufnehmen im Namen Jesu. So wie unser Herr uns das geraten hat.«

»Aber damals, als der Herr Christus das sagte, da war das doch etwas ganz anderes ...«

»Ich glaube aber, dass es auch heute noch gilt.«

Kätta schweigt. Verstehe einer die vornehmen Leute, die ein »von« vor dem Namen haben und lange in die Schule gegangen sind! Wo käme man denn da hin, wenn man jedes herumlungernde Waisenkind, und davon gibt es gar nicht wenige, ins Haus aufnehmen wollte? Dann würde der Platz bald zu eng werden, und selbst ein ansehnliches Vermögen würde rasch zusammenschrumpfen. Na ja, andererseits ... dem Pfarrer und Fräulein Amelie ist es zu gönnen. Vielleicht ist so ein Kind ja wie ein Spielzeug für sie, wo sie doch beide keine eigenen Kinder haben? Sie jedenfalls wird sich in Acht nehmen. Vielleicht stiehlt die Kleine gar, wie man es den Heiden nachsagt. Sie könnte es immerhin dort gelernt haben ...

Schnell hat es sich in dem kleinen Dorf herumgesprochen, dass im Pfarrhaus jetzt ein junges Mädchen lebt. Dass man über seine Herkunft nichts weiß, macht das Kind richtig interessant. In den ersten Tagen gibt es daher viel Besuch im Pfarrhaus. Man muss sich die neue Mitbürgerin doch einmal ansehen, zumal sie von Zigeunern abstammen soll. Die Enttäuschung ist daher groß, ein völlig unauffälliges, etwas mageres, aber sonst recht hübsches kleines Mädchen vorzufinden, das sich anschauen lässt, ohne sich einschüchtern zu lassen.

Einige Lästerzungen haben natürlich des Rätsels Lösung bald gefunden.

»Ich habe schon immer gesagt«, zischelt die alte Schmuddelnette, die drei uneheliche Kinder von verschiedenen Vätern hat, der Lappen-Lowwies ins Ohr, »der Herr Pfarrer ist ein ganz Gewitzter. Das Kind ist doch eindeutig sein eigenes. Irgendwo auswärts hat er ein Verhältnis gehabt. Das Kind ist die Folge davon. Und nun nimmt er das Kind seiner Liebe zu sich und tut so, als sei es ein gutes Werk. Mir kann keiner was vormachen. Das Mädchen sieht doch aus, als sei es ihm aus dem Gesicht geschnitten.«

Kätta hat diese Verleumdung im Dorf gehört und erzählt sie Fräulein Amelie und dem Pfarrer. Der lacht laut und meint: »Der Mensch glaubt das, was er glauben will.«

»Ja«, pflichtet Kätta ihm bei, »ich habe wohl hundertmal erzählt, dass ich die Kleine gebadet habe, weil sie von den Heiden gefärbt worden ist. Aber das wollte niemand hören.«

»Ich finde es nicht recht, Moritz«, lässt sich Fräulein Amelie vernehmen. »Du hast doch viel für die Gemeinde getan und deine Freundschaft mit dem Großherzog mehrmals benutzt, um den Bürgern dieses Dorfes zu helfen. Und nun verleumden sie dich auf solche Weise. Sie verbreiten Lügen über dich und glauben sie offenbar noch gerne.«

»Es ist bitter, wenn man von Menschen, denen man Gutes getan hat, verleumdet wird. Aber das ist fast normal. Ging es unserem Heiland nicht auch so? Er hat den Menschen nur Gutes getan. Und was haben sie mit ihm gemacht? Sie haben ihn zuletzt getötet.«

»Aber das war doch etwas anderes, Herr Pfarrer«, sagt Kätta.

»Ganz sicher«, meint der Pfarrer. »Uns wird niemand ans Kreuz schlagen, sondern nur ein wenig verleumden. Das werden wir schon tragen können.«

Der Grund der Verleumdung, die inzwischen zu einem niedlichen Mädchen gewandelte Marilis, lebt sich schnell in ihre neue Umgebung ein. Anfangs hat sie immer noch gefragt, ob sie nicht auf den Straßen singen müsse, um etwas zu verdienen. Aber da hat der Pfarrer sie ausgelacht und ihr gesagt, sie solle sonntags in der Kirche laut singen. Das würde dann für das Essen in der Woche reichen.

Sie scheint ihre Erlebnisse bei den Zigeunern schnell zu vergessen. Nur ihren Ludwig, den vergisst sie nicht. Oft fragt sie nach ihm: »Wo mein Ludwig jetzt wohl ist? Hoffentlich geht es ihm gut. Wenn er nicht wiederkommt, dann müssen wir nach Lodz reisen. Bitte, Tante Amelie, Onkel Moritz, lasst uns nach Lodz reisen, um den Ludwig da zu suchen.« Und auf Fräulein Amelies Frage, was der Ludwig denn mit Lodz zu tun hätte, antwortet sie jedes Mal: »Da wollen wir beide doch hin. Das haben wir uns vorgenommen, weil es da Arbeit gibt und man reich werden kann.«

Nach behutsamem Ausfragen seiner Ziehtochter hat der Pfarrer sein Bild über Ludwig inzwischen gewandelt. Er weiß, dass er dem Jungen, der sich um Marilis gekümmert hat, so lange sie sich zurückerinnern kann, anfangs bitter Unrecht getan hat. Wie gern hätte er selbst gewusst, wo Ludwig sich nun aufhält, aber es gibt keinerlei Hinweise darauf, wo er stecken könnte.

Selbstverständlich hat er auch im Heimatort von Marilis nachforschen lassen, was über ihre Herkunft zu erfahren ist. Er hat den Amtsbruder angeschrieben und nach einiger Zeit die Antwort erhalten, dass Marilis Balzer tatsächlich eine Waise ist, bei ihrer Gote wohnte, von Ludwig, einem nicht ganz unbescholtenen Jungen, mitgenommen wurde und seitdem unauffindbar gewesen ist. Die Gote übrigens, eine arme, kränkliche Frau, lege keinen Wert auf die Rückkehr des Kindes. Wenn der Herr Amtsbruder sie in seinem Hause behalten wolle, so sei ihr das recht, allerdings müsse er es um Gotteslohn tun, denn die Gote könne ihm keine finanzielle Zuwendung für ihr Patenkind zukommen lassen, da sie selbst ganz mittellos sei.

Der Herr Pfarrer ruft alle Hausbewohner zusammen, um ihnen den Brief vorzulesen. Anschließend fragt er Marilis, ob sie denn bei ihnen bleiben wolle. Wenn sie jedoch lieber zu ihrer Gote zurückkehren wolle, dann solle sie ihm das sagen, er werde dann monatlich Geld für ihren Lebensunterhalt schicken.

Das Mädchen hat ihn missverstanden. Blankes Entsetzen steht ihm im Gesicht. »Onkel Moritz, darf ich wirklich nicht bei euch bleiben? Ich habe euch doch so lieb.« »Aber von Herzen gerne darfst du hier bei uns bleiben! Du weißt doch, wie froh wir sind, dass es dich gibt. Du sollst aber selbst die Entscheidung treffen.«

»Dann bleibe ich hier!«

Tante Amelie schließt das Kind in die Arme. Immer hat sie sich heimlich eine Tochter gewünscht. Nun, an der Schwelle zum Alter, bekommt sie auf einmal die schöne und schwere Aufgabe zugeteilt, ein heranwachsendes, völlig ungebildetes Mädchen zu erziehen und ins Leben zu begleiten.

Onkel Moritz hält Marilis seine Wange hin. »Als alter Onkel möchte ich jetzt ein Küsschen von dir haben.«

Selbst Kätta streicht dem Kind kosend über den Kopf. Am Abend gibt es ein Festmahl. Kätta hat alles aufgefahren, was Küche und Keller zu bieten haben.

»Das ist eine Feier für dich, Marilis. Weil du jetzt bei uns bleiben wirst«, sagt Onkel Moritz.

»Für immer!«, bestätigt Marilis.

Für Marilis beginnt nun ein genau eingeteiltes Tagesprogramm. Vormittags unterrichtet der Onkel sie zwei Stunden im Schreiben, Lesen und Rechnen. Fräulein Amelie, die in jüngeren Jahren als Erzieherin von Fürstenkindern gewirkt hat, führt sie in die französische Sprache ein, bringt ihr die Regeln des Anstands bei, vor allem auch die guten Sitten bei Tisch. Auch die Realienkunde, die sich mit den Pflanzen, Tieren, Ländern und Städten befasst, wird von ihr unterrichtet. Die religiöse Unterweisung übernimmt dann wieder der Onkel am Nachmittag. Abends zeigt Tante Amelie der geschickten Kleinen, wie man handarbeitet und näht.

Beide Geschwister sind erstaunt darüber, welch ein heller Kopf Marilis ist und wie gut sie lernt. Manchmal hilft sie Kätta auch bei der Gartenarbeit, so gut sie kann, und sie schaut auch gerne in der Küche vorbei, um die Geheimnisse der Kochkunst zu erforschen.

Ohne es beabsichtigt zu haben, sorgt Marilis dafür, dass die beiden Geschwister wieder jung werden. Onkel Moritz, dem die Körperfülle des Alters zu schaffen macht, kann sich den Wünschen seiner Ziehtochter nicht verschließen, jeden Tag nach dem Mittagessen einen kleinen Spaziergang zu unternehmen. Abwechselnd laufen die beiden durch das Dorf oder durch die Felder der näheren Umgebung. Das bekommt dem Onkel gesundheitlich vorzüglich. Schon bald ist er nicht mehr so stubenbleich wie zu der Zeit, als Marilis noch nicht bei ihnen lebte.

Tante Amelie ist richtig glücklich. Glücklich über die gesunde Entwicklung des Kindes, das intelligent und wissbegierig ist. Glücklich auch über die Aufgabe, die dieses Kind für sie darstellt. Immer mehr gerät sie in die Rolle der Mutter hinein.

Im Dorf jedoch gibt man der Schmuddelnette Recht: das hübsche blonde Mädchen könne doch wohl niemand anders sein als ein uneheliches Kind des Pfarrers, das er nun zu sich genommen habe. Kurzzeitig kursiert auch die Variante, Marilis sei das uneheliche Kind von Fräulein Amelie – aber die meisten Dorfbewohner neigen der ursprünglichen Version zu, es sei das Kind des Pfarrers. Die Ähnlichkeit sei schließlich unverkennbar.

Marilis weiß nichts von alledem. Sie ist ein fröhliches, unbekümmertes Mädchen geworden. Lediglich die Sorge um Ludwig drückt sie manchmal. Aber es gibt so viel Interessantes im Hause des Onkels und der Tante zu erleben, sodass sie ihn immer schnell wieder vergisst.

Im Sommer reist Tante Amelie in einer Kutsche nach Nauheim, der Stadt mit den Salzquellen. Dort will sie eine junge russische Fürstin treffen, deren Erzieherin sie einst gewesen ist. Die junge Fürstin wurde von ihrem Gatten nach Nauheim gebracht. Sie soll sich einer Kur unterziehen und wünscht, Fräulein Amelie zu sehen. Mehrfach kommt die Fürstin zu Besuch, nur in Begleitung einer Gesellschafterin. Marilis und die Gesellschafterin müssen bei dem Gespräch jedes Mal das Zimmer verlassen.

Als Marilis ein bisschen verschämt, aber doch neugierig fragt, was denn da Geheimnisvolles besprochen werden müsste, seufzt Tante Amelie und sagt: »Kind, es gibt Dinge, über die man nicht sprechen kann. Außerdem habe ich gelobt, nichts von dem Besprochenen weiter zu sagen. Später einmal wirst du vieles wissen.« Marilis muss sich wohl oder übel damit zufrieden geben.

Beim letzten Besuch stellt Tante Amelie Marilis der Fürstin vor. Vorher hat sie mit dem Mädchen geübt, wie man einen Hofknicks macht. Marilis macht ihren Hofknicks, wird dann von der Fürstin herbeigewinkt und näher betrachtet. Die Fürstin spricht recht gut Deutsch. »Ihr habt da eine schöne Pflegetochter. Es ist ihr anzusehen, dass sie aus gutem Hause stammt, Fräulein von Stückrath«, sagt sie.

Marilis traut sich kaum, ihre Augen zu der jungen Frau zu erheben. Sie ist zierlich von Gestalt, hat mittelblondes Haar und helle Augen wie sie selbst. Ihr Gesicht ist hübsch, nur der bittere Zug um den Mund entstellt sie ein wenig. Die Fürstin schenkt Marilis einen wunderschön bemalten Fächer zur Erinnerung.

Beim Abschied sagt Fräulein Amelie zu der hohen Frau: »Meine Liebe, ich hoffe, Euch im nächsten Jahr wiederzusehen, dann aber unter glücklicheren Umständen, so wie wir es uns alle erhoffen.«

Marilis freut sich auch an den »Kränzchen« in den Pfarrhäusern der Umgebung, die regelmäßig stattfinden. Während die Pfarrfrauen – Tante Amelie ist die einzige »Haushälterin«, da alle anderen Pfarrer verheiratet sind – sich ein Tässchen des kostbaren Kaffees gönnen und Gebäck knabbern, diskutieren die Herren Amtsbrüder bei einem Pfeifchen Tabak über wichtige oder weniger wichtige kirchenrechtliche, politische oder soziale Fragen. Die halbwüchsigen Kinder der Pfarrfamilien tollen in den Pfarrgärten herum, machen Pfänderspiele oder treiben sonst allerlei Kurzweil. Kurzum, das Leben von Marilis ist schön und aufregend.

Wanderzirkus

Ein halbes Jahrzehnt ist vergangen. In eine kleine Stadt im Thüringischen zieht gerade ein Wanderzirkus ein. Die Truppe besteht im Prinzip aus einer einzigen Familie: dem Zirkusdirektor Raddatz und seiner Gattin, den beiden Töchtern Steffi und Isabella mit ihren Ehegatten, dem Seiltänzer Anton Pospischil und dem Feuerfresser Jan Eisinga, einem riesigen Kerl mit einem begreiflicherweise großen Mund. Außerdem gehört zur Familie noch die knapp zwanzigjährige Alexa, die jüngste, unverheiratete Tochter des Ehepaars Raddatz. Mit der Truppe reisen auch ein alter, recht hinfällig gewordener Mann und sein Sohn Ludwig, die gemeinsam eine Nummer mit dressierten Tauben vorführen.

Nur zwei kleine, bunt bemalte Wohnwagen besitzt der Familienzirkus. Man hat sie durch Vorhänge und Verschläge unterteilt, sodass mehrere »Wohnungen« entstanden sind. In einem der Wagen hausen mehr schlecht als recht Michalak und Ludwig, während die Tauben in ihrem Käfig auf dem kleinen

Leiterwagen sitzen, den Ludwig meistens alleine zieht. Nur bei starken Steigungen hilft ihm der Seiltänzer durch Anschieben.

Den ersten Wagen müssen immer zwei Maultiere ziehen. Herr Direktor Raddatz lässt es sich nicht nehmen, beim Einzug in eine Stadt neben dem Wagen einher zu schreiten – im Frack mit blanken, goldschimmernden Knöpfen und mit einem Zylinder auf dem stolz erhobenen Haupt. Die zweite Fuhre lenkt der Feuerfresser. Im Geschirr geht der einäugige Schimmel, den Isabella später in der Vorstellung als rechnendes Wunderpferd vorführt.

Ihre Schwester Steffi tritt mit den beiden abgerichteten Ziegen auf, die miteinander tanzen können. Alexa stellt sich in der Manege immer vor ein großes, buntes Brett und lässt sich von ihrem Vater, der als »Messerheld« vorgestellt wird, scharfe Dolche rings um die schmächtigen Glieder werfen. Später ist sie auch noch als Kunstreiterin tätig, wobei ihr der in eine rote Livree gekleidete Ludwig assistiert.

Der Direktor fährt danach im Programm fort, wenn er in der Verkleidung des dummen August auftritt und seine Späße macht. Anschließend kommt noch einmal Isabella an die Reihe, die mit dem struppigen Hund Sandor allerlei Kunststücke vorführt. Auf den Hinterbeinen laufend, schwingt Sandor ein Fähnchen zwischen den Vorderpfoten, dann macht er einen Handstand, springt durch verschiedene Reifen und gibt zu guter Letzt noch einer Dame im Zuschauerraum Küsschen.

Schließlich tritt auch die Mutter als »starke Wally« auf. So wie sie morgens die Kochlöffel schwingt – sie kocht für die ganze Truppe –, schwingt sie abends in der Vorstellung die vorgetäuschten Schwergewichte. Dann kommt noch der Seiltänzer an die Reihe, der einen besonderen Nervenkitzel für die Zuschauer bereithält, indem er einen beinahe lebensgefährlichen Absturz vom Seil inszeniert. Zuletzt sind immer Michalak und Ludwig dran, die mit ihren weißen Tauben und deren Kunststücken das Publikum bezaubern.

Ludwig ist inzwischen neunzehn Jahre alt geworden. Er ist sehr gewachsen und hat sich zu einem gut aussehenden jungen Mann entwickelt. Als er vor einigen Jahren merkte, dass die Kräfte des alten Michalak für ein weiteres Herumwandern nicht mehr ausreichten, hat er ihn überredet, sich der Zirkustruppe anzuschließen.

Seitdem Michalak nicht mehr ständig auf Wanderschaft ist, hat er sich ein wenig erholt. Er freut sich am Leben und besonders an dem Jungen, dessen Ziehvater er geworden ist und den er überall als seinen Sohn ausgibt. Aber nun fällt ihm auch das Auftreten im Zirkus schwer.

An einem der nächsten Abende bricht Michalak nach der Vorstellung zusammen. Ludwig schleppt ihn in den Wagen, fächelt ihm Luft zu und kühlt ihm das Gesicht mit kaltem Wasser.

»Ich bin alt, Ludwig, und werde nicht mehr lange zu leben haben. Mein Herz lässt mich im Stich.«

»Ihr müsst Euch ein wenig ausruhen, Vater, dann wird das schon wieder. Redet doch nicht davon, dass Ihr nicht mehr lange zu leben habt. Was soll denn dann aus mir werden?«

»Du brauchst nur noch zwei Jahre zu warten, bis du volljährig bist. Dann kannst du nach Lodz gehen, wohin du doch immer wolltest. Für mich ist das ohnehin zu weit.«

»Niemals werde ich ohne Euch dorthin gehen. Und jetzt lasst uns nichts mehr reden. Das Sprechen strengt Euch an, Ihr müsst schlafen.« Sorgsam deckt Ludwig dem Alten eine Decke über und streicht ihm über die Wange. Dann versorgt er die Tauben.

Nach einer ruhigen Nacht fühlt Michalak sich besser. Er kann aufstehen und ein paar Schritte laufen. Ludwig führt ihn am Arm zu einer sonnigen Bank am Straßenrand, auf der sie sich niederlassen.

»Seht Ihr«, meint Ludwig, »jetzt geht es Euch doch schon wieder besser. Bald werdet Ihr die Herzschwäche ganz und gar überstanden haben.«

Der Alte lächelt Ludwig an. »Du bist der Sonnenschein meines Alters gewesen. Gott soll dich dafür segnen, wenn ich jetzt gehen muss.«

»Ihr sollt nicht gehen, Vater!« Ludwig schreit es fast heraus.

»Wenn Gott ruft, dann gibt es kein Säumen. Dann ist es Zeit, Abschied zu nehmen.«

»Wohin geht Ihr denn dann?«

»Ich gehe zu Gott zurück. Das weiß ich sicher. Ich habe ihm zu Beginn meines Lebens gedient; später bin ich eigene Wege gegangen und habe mich weit von ihm entfernt. Aber durch dich, ich meine durch deine Fragen damals, bin ich nachdenklich geworden und habe mich ihm wieder genähert. Er hat es gut mit mir gemeint, auch als ich mich nicht um ihn kümmerte.«

»Das verstehe ich nicht.«

»Dann erkläre ich es dir. Weißt du noch, als damals Sulamith, die schönste unserer Tauben, an deine Brust flog?«

»Freilich weiß ich es noch.«

»Hat sie das jemals wieder getan in all den Jahren, dass sie zu einem Fremden geflogen ist?«

»Nein, niemals.«

»Siehst du! Das war Gottes Hand in meinem Leben. Gott hat dafür gesorgt, dass Sulamith zu dir geflogen ist. Sonst hätte ich dich wohl niemals angesprochen und wäre nun ein verbitterter alte Mann, der vielleicht schon längst den Strick genommen hätte.«

»Ach, sagt doch nicht so etwas.«

»Doch, Ludwig. Du bist Gottes Geschenk an mich gewesen. Gott hat mir durch dich Sonne im Alter geschenkt, Freude am Leben und Erleichterung bei der Arbeit mit den Tauben. Deinetwegen habe ich gemerkt, dass er mich nicht vergessen hat, sondern dass seine Fürsorge für mich immer noch wach ist. Ich kehre nun bald zu ihm zurück.«

»Ihr macht mich traurig.«

»Ich bin, wie es in der Bibel von den Erzvätern heißt, alt und lebenssatt geworden. Ich sehne mich nach der Ruhe.«

»Und ich?«

»Ja, mein lieber Sohn, es ist mir schon leid, dass ich dich bald verlassen muss, aber ich weiß, dass du durchs Leben kommen wirst. Nimm es als mein Vermächtnis an, dass dein Leben am ehesten gelingt, wenn du treu zu Gott stehst.«

»Aber ich weiß doch so wenig von Gott.«

»Er wird dich schon so führen, dass du ihn kennen lernst.«

Am nächsten Abend muss Ludwig mit den Tauben allein auftreten. Er kopiert nun das Programm, das er bei Michalak zuallererst gesehen hatte, damals in Laubach auf dem Markt. Alexa hat sich zwar als Helferin angeboten, aber die Tauben sind von der Fremden verunsichert und reagieren bei einer schnell angesetzten Probe gar nicht oder falsch. Ludwig lehnt ihre Hilfe ab.

Michalaks Gesundheitszustand scheint sich zu stabilisieren.

»Seht Ihr, dass ich Recht behalte!«, frohlockt Ludwig. »Bald seid Ihr wieder ganz der Alte.«

Am nächsten Morgen aber kann Michalak nicht mehr aufstehen. Er ist sehr matt und mag gar nicht sprechen. Seine Lippen zeigen eine bläuliche Farbe. Ludwig weicht nicht von seiner Seite. Immer wieder schläft der Kranke kurzzeitig ein. Als Ludwig fragt, ob er einen Arzt holen soll, schüttelt er mit dem Kopf und flüstert: »Spar das Geld!«

Am Nachmittag winkt Michalak Ludwig zu sich und versucht mühsam, ihm die Wange zu streicheln. »Du sollst gesegnet sein, Junge«, haucht er. Ludwig greift nach der Hand des Alten.

Er sieht, dass sich ein Lächeln über das Gesicht des Sterbenden legt. Der Atem wird kürzer und setzt schließlich ganz aus. Der ein Leben lang Wandernde hat sein Ziel erreicht.

Ludwig laufen die Tränen über die Wangen. Noch lange sitzt er neben dem Toten, hält dessen Hand und empfindet die Weihe des Augenblicks, den Hauch der Ewigkeit. Dann übermannt ihn der Schmerz über den Verlust des lieben Menschen. Er wirft sich über ihn und schluchzt herzzerreißend.

Auf sein lautes Weinen hin eilen die anderen Mitglieder der Truppe herbei. Keiner fragt oder sagt etwas. Alle respektieren die Trauer des jungen Mannes um den Menschen, der ihm am nächsten stand.

»Mit dem Vater habe ich auch den besten Freund verloren«, klagt Ludwig. Ihm wird bewusst, dass er jetzt allein ist, trotz der Nähe der Zirkusmenschen, mit denen er eigentlich nur wenig Gemeinschaft hat. So allein wie jetzt ist er schon einmal gewesen, damals, als er die Nachricht erhielt, dass die Mutter gestorben war.

Direktor Raddatz bietet ihm an, sich um die Formalitäten zur Beerdigung zu kümmern. Ludwig lehnt entschieden ab. Niemand als er hat das Recht und die heilige Pflicht, für ein angemessenes Begräbnis des Vaters zu sorgen. Michalak hatte ihm schon vor Monaten einen Beutel mit Zusammengespartem gegeben und verfügt, dass dieses Geld für sein Begräbnis aufgehoben werden solle. Ludwig sucht einen Sargschreiner auf, bespricht sich mit dem Pfarrer und verhandelt mit dem Rat der kleinen Stadt zwecks Bestattung eines Ortsfremden auf dem Friedhof.

Der Trauerzug ist nur klein. Er besteht aus den Mitgliedern der Zirkustruppe, dem sich auch Sandor, der Hund angeschlossen hat, weil er nicht angekettet gewesen ist.

»In meines Vaters Hause sind viele Wohnungen«, lautet der Text, den der Geistliche für die Traueransprache ausgewählt hat.

Eine der vielen Wohnungen wird nun von einem Mann bezogen werden, der den überwiegenden Teil seines Lebens ohne Wohnung auf der Straße verbracht hat.

Ludwig ist ein Mann geworden. Das unmittelbare Erleben des Sterbens hat ihn reifer gemacht, obwohl er doch eigentlich niemals ein unbeschwerter Jugendlicher gewesen ist. Die abendlichen Auftritte rufen ihn bald in die Realität zurück. Schwer wird ihm der Abschied vom Grab Michalaks, als die Truppe weiterzieht. Nun erst, so seine Empfindung, ist Michalak ganz von ihm gegangen.

Von den anderen Mitgliedern der Truppe zieht er sich zurück, soweit es möglich ist. Er mag das Gezänk um das Geld, die kleinliche Pfennigfuchserei nicht hören. Die Gespräche der Frauen erscheinen ihm banal und seicht, manchmal fast lächerlich. Als wenn das Leben nichts anderes wäre als Kochen, Herstellen von Waschbrühe, Beschaffen von Heu oder Annähen von abgesprungenen Knöpfen an Zirkusanzügen!

Die Trauer, die er allmählich überwindet, hat dem jungen Mann eine tiefe männliche Schönheit verliehen, die Alexa sehr beeindruckt. Sie hat längst beschlossen, Ludwig als Ehemann zu gewinnen. Die jüngste Tochter der Familie ist nur wenige Monate älter als er. Mit allen Mitteln zeigt sie ihm nun ihre Zuneigung, steckt ihm beim Essen möglichst gute Bissen zu, erzählt ihm von begeisterten Zuschauern seiner Vorstellung mit den Tauben, schenkt ihm hier und da eine Kleinigkeit.

Ludwig freut sich über ihre Freundlichkeit, ist aber viel zu naiv, um die dahinter stehende Absicht zu erkennen. Er versteht Alexas Geschenke als Ausdruck ihres Mitleids mit ihm.

Eines Abends lauert sie ihm auf. Er hat nach der Vorstellung einen kleinen Rundgang gemacht, um vor dem Schlafen frische Luft zu schöpfen. Es ist schon fast ganz dunkel geworden, als er sich auf einer Bank am Wegrand niederlässt. Er träumt ein wenig vor sich hin. Plötzlich schreckt er auf: Alexa taucht aus dem Dunkeln vor ihm auf.

»Darf ich mich zu dir setzen, Ludwig?« Ludwig hat keine Einwände. Alexa setzt sich neben ihn und rutscht dicht heran. Ludwig rückt ein wenig weg, aber Alexa kommt wieder näher.

»Magst du mich denn so wenig leiden, dass du von mir abrückst?«, fragt sie ihn.

»Was fragst du? Ich mag dich schon leiden.«

»Dann rück nicht von mir weg.« Zärtlich legt sie ihren Arm um seine Schultern. »Du weißt doch, dass ich furchtbar in dich verliebt bin.«

Das ist Ludwig neu. »Du, davon habe ich nichts gemerkt.«

»Ach geh«, lacht Alexa. »Ich bin schon eine lange Zeit ganz närrisch auf dich. Und das willst du nicht gespürt haben?«

Ludwig zuckt die Schultern.

»So hässlich bin ich doch nicht, dass du mich nicht auch gern haben könntest. Tätst du mich mögen?«

Ludwig stammelt etwas Unverständliches. Er ist furchtbar verlegen.

»Schau, ich habe mir gedacht, es wäre doch nicht schlecht, wenn wir zwei uns zusammen täten. Wir gehören beide zum fahrenden Volk, wir kennen die Zirkuswelt und kommen darin ganz gut zurecht.«

»Das stimmt.«

»Ich habe keine Gelegenheit, anderswo einen Mann kennen zu lernen. Ich wollte es auch gar nicht mehr, jetzt, wo ich nur noch dich sehe. Bitte, Ludwig, sei mir ein bisschen gut. Du bist der Mann, den ich haben will.«

Das hat er nicht erwartet. Er muss sich entscheiden, das fühlt er. Alexa will von ihm eine Antwort auf das Angebot ihrer Liebe, doch seine hessische Schwerblütigkeit lässt ihn zaudern. Er schweigt.

Ganz langsam fährt Alexas Hand über seine Jacke, öffnet die Knöpfe und streichelt ihm behutsam über das Hemd. Dann öffnet die Hand auch die Hemdenknöpfe und liebkost nun Ludwigs Brust. Ludwig wehrt sich nicht, er ist ja längst körperlich zum Mann herangereift. Diese sinnlichen Erfahrungen sind ihm völlig neu.

Alexas Lippen drücken sich auf die seinen, sie küsst ihn. Ludwig küsst sie in wildem Taumel zurück. Ihre Hand wird immer dreister. Sie tastet nach dem Hosenbund und zwängt sich hindurch. Ludwig spürt, wie ihm das Blut in den Adern zu toben beginnt. Sein Atem geht keuchend. Er reißt Alexa hoch und presst sie an sich, spürt den Körper der Frau und ... erfährt plötzlich eine grausame Ernüchterung.

»Lass mich, ich will das nicht«, schreit er und läuft ein Stück weit in die Dunkelheit hinein. Alexa folgt ihm. Er wartet, bis die starke, in diesem Ausmaß noch nie empfundene Erregung nachlässt. »Es gefällt mir nicht, dass sie sich so anbietet. Sie will mich doch nur fangen, einfangen«, schießt es ihm durch den Kopf. »Und wenn ich mich jetzt vergesse, dann hat sie mich in der Hand.«

Laut sagt er zu Alexa, die jetzt neben ihn getreten ist: »Ich möchte nicht dein Mann sein, solange ich nicht weiß, ob ich dich liebe. Ich mag dich wie ein Bruder seine Schwester, aber ich empfinde nicht die Liebe, die ein Mann zu seiner Frau haben sollte.«

»Du Dummkopf!«, zischt Alexa. »Fast hatte ich dich so weit. Du solltest die richtige Liebe kennen lernen. Sie hätte dir Spaß gemacht. Ich habe doch gemerkt, was für ein starker Kerl du bist.«

»Und wenn schon! Eine solche Liebe kann nicht von Dauer sein.«

»Du kennst die Liebe doch noch gar nicht. Probier sie aus, und du wirst über alles lachen, was du eben gesagt hast.«

»Lass uns heimgehen.«

»Du Narr! Warum verschmähst du mich? Du könntest es gut bei mir haben. Ich würde dir versprechen, immer für dich da zu sein.«

»Nein, lass uns heimgehen.«

In dieser Nacht schläft Ludwig fast gar nicht. Am nächsten Tag stellt ihn Vater Raddatz zur Rede. »Ist es wahr, was meine Tochter Alexa gesagt hat, dass du dich gestern Abend ihr unzüchtig genähert hast?«

Ludwig findet keine Worte. »Was ... was soll ich getan haben? Ich soll mich Alexa unzüchtig genähert haben? Es ist doch eher so gewesen, dass Alexa sich mir ...«

»Bitte bezichtige mein Kind nicht solcher Dinge. Da muss ich als Vater energisch einschreiten. Aber ...« Seine zuvor vorwurfsvolle Stimme wird plötzlich weich. »Ich habe ja Verständnis für die Jugend. Ich bin schließlich auch einmal jung gewesen. Die Schande, die du Alexa angetan hast, lässt sich tilgen, wenn du ihr die Hand zum Ehebund reichst.«

»Nein, jetzt auf gar keinen Fall mehr. Und außerdem verlasse ich den Zirkus.«

Das liegt nun gerade nicht in der Absicht von Raddatz. Aber Ludwig kümmert sich nicht um seine versöhnlichen Reden, sondern holt seine wenigen Habseligkeiten aus dem Zirkuswagen, ergreift die Deichsel des Taubenkarrens und verlässt die Truppe, ohne sich noch einmal umzusehen. Er wendet sich nach Osten, dem Ziel seiner Reise zu.

Vertreibung aus dem Paradies

Drei schwarz gekleidete Frauen sind im Pfarrhaus von Grüningen damit beschäftigt, Wäsche und Hausrat zu verpacken und für den Abtransport bereit zu stellen. Die Jüngste von ihnen, ein etwa fünfzehnjähriges Mädchen, trägt offenes, blondes Haar, das von der schwarzen Kleidung auffällig absticht.

Vor knapp einem Monat wurde Onkel Moritz vom Schlag getroffen und starb. Mitten aus dem tätigen Leben heraus. Alle drei Frauen waren wie erstarrt vor Schreck und Entsetzen. Marilis, die noch niemals einen lieben Menschen hat hergeben müssen – beim Tod ihrer Mutter war sie noch zu klein, um alles zu begreifen –, hat am Sarg des Onkels fassungslos geweint. Das ist den aufmerksamen Dorfbewohnern natürlich nicht entgangen. Und das Gerücht, die hübsche Marilis sei die heimliche, uneheliche Tochter des Pfarrers, bekam wieder neue Nahrung. Denn wer würde schon einen Fremden so heftig betrauern!

Nach dem Schock über den plötzlichen Tod und der Arbeit bei der Bewirtung der Gäste, die zum Begräbnis angereist sind, wird den drei Frauen erst so richtig klar, welche Konsequenzen der Tod des Onkels für sie hat. Sie werden natürlich nicht im Pfarrhaus bleiben können, denn dort muss Platz geschaffen werden für den neuen Pfarrer. Das Dorf kann nicht lange ohne einen Seelenhirten auskommen.

Die alte Kätta, immer noch rüstig, aber doch nicht mehr so belastbar wie in jungen Jahren, macht sich große Sorgen um ihre Zukunft. Sich irgendwo als Magd zu verdingen, das ist in ihrem vorgerückten Alter nicht mehr möglich. Vielleicht kann sie ja im Pfarrhaus bleiben und beim nachfolgenden Pfarrer – man weiß noch nicht, wer die Nachfolge antreten wird – als Dienstmagd bleiben. So könnte sie dem neuen Pfarrer beim Eingewöhnen in den neuen Wirkungskreis behilflich sein. Aber darauf zu hoffen, ist eine unsichere Sache. Denn es ist gut denkbar, dass der neue Pfarrer eine Magd mitbringt. Kätta hat sich im Laufe ihres Lebens ein wenig Geld gespart, hat aber auch immer wieder einmal Neffen und Nichten, später sogar Großneffen und Großnichten bei der Gründung eines eigenen Ehestandes mit Geld unterstützt, sodass die zurückgelegte Summe sich eher bescheiden ausnimmt. Ihre Verwandten mag sie nicht um Aufnahme in den Haushalt bitten, denn da gibt es Beispiele übergenug aus dem Ort, die besagen, dass es in solchen Fällen nur Verdruss für alle Beteiligten gegeben hat.

»Da gehe ich am besten gleich ins Armenhaus«, denkt Kätta, aber der Gedanke macht ihr große Angst.

Fräulein Amelie weiß, was sie tun wird. »Ich habe nun das für eine Frau hohe Alter von bald sechzig Jahren erreicht. Ich werde in das Fräulein-Stift in Nauheim ziehen. Eingekauft habe ich mich dort schon lange, und in dem schönen Bad kann ich meinen Lebensabend verbringen. Vielleicht kann ich dort unter den Badegästen hin und wieder einen ehemaligen Zögling von mir entdecken.«

Allerdings bedeutet die Umsiedlung nach Nauheim zugleich die Trennung von Marilis, denn sie darf niemanden mit ins Stift bringen. Die Zukunft des Mädchens ist ihre größte Sorge.

»Kind, du hast eine gute Schulbildung bei meinem seligen Bruder und mir erhalten. Du kannst fließend französisch sprechen, hast dir gute Umgangsformen angeeignet und darfst als eine Schönheit gelten. Da muss es mir doch möglich sein, für dich eine Stellung als Gesellschafterin für eine allein stehende adlige Dame zu finden.«

»Ja, Mutter, aber ich wäre froh, wenn ich nicht zu weit fort müsste. Dann könnte ich Euch doch vielleicht von Zeit zu Zeit sehen und sprechen.«

»Ach, mein gutes Kind, das ist nicht so wichtig; wenn ich nur wüsste, dass du dein Auskommen hättest! Was die Entfernung betrifft, da können wir fleißig Briefe hin und her schicken.«

Marilis seufzt. Es fällt ihr noch immer schwer zu begreifen, dass die schöne Zeit im Pfarrhaus bald unwiederbringlich vorüber sein wird.

»Ich habe da eine Idee«, sagt Fräulein Amelie plötzlich. »Ich werde der Gräfin Tschernikoff schreiben. Du kennst sie, wir haben sie in Nauheim mehrfach besucht. Sie ist als Kind mein Zögling gewesen. Ich könnte bei ihr anfragen, ob sie in ihrer Verwandtschaft nicht irgendjemanden hat, der eine deutsche Gesellschafterin sucht. Da du gut französisch parlieren kannst, wäre es kein Problem, dich selbst in ein russisches Adelshaus zu vermitteln, denn französisch spricht man dort allemal.«

»Dann wäre ich aber sehr weit von Euch weg, Mutter«, wendet Marilis ein.

»Kind, ich behielte dich ja auch am liebsten bei mir. Du hättest doch der Werbung des Hauptmanns stattgeben sollen. Dann wärst du versorgt und in meiner Nähe.«

»Ach Mutter, er ist doch fast dreißig Jahre älter als ich. Und ich mag ihn nicht. Aber Ihr habt doch versprochen, nicht mehr von diesem Hauptmann und seiner Werbung zu sprechen.«

»Entschuldige, Kind, in der Aufregung habe ich an mein Versprechen nicht mehr gedacht.«

»Schon gut, liebe Mutter. Ich bin ja bereit, selbst ins ferne Russland zu übersiedeln, wenn Ihr dort eine gute Stelle für mich findet.«

»Dann will ich mich gleich daran machen, einen Brief an die Gräfin zu schreiben. Gut, dass wir das Briefpapier nebst Federhalter und Tinte noch nicht verpackt haben.«

Erstaunlich schnell trifft die Antwort der Gräfin ein. Mit zitternden Fingern öffnet Fräulein Amelie den Briefumschlag mit den Kronen darauf. Und ebenso aufgeregt ist Marilis, obwohl sie äußerlich ruhig zu bleiben versucht.

Der Inhalt des Schreibens übertrifft alle Erwartungen. Die Gräfin schreibt, dass sie sich nicht in der Verwandtschaft oder Bekanntschaft umhören werde, weil sie selbst dringend der Zerstreuung durch eine Gesellschafterin bedürfe. Sie habe Fräulein Marilis mehrfach persönlich in Augenschein nehmen können, sei von ihren menschlichen Qualitäten sehr angetan und trage ihr nun eine Stelle bei ihr selbst an. Sie werde im Frühsommer nach Nauheim ins Bad kommen und Fräulein Marilis, so sie denn einverstanden sei, von dort aus mit in ihre Heimat entführen. Ansonsten empfehle sie sich weiterhin der Fürbitte von Fräulein Amelie, sie wisse schon, in welcher Beziehung, und verbleibe mit aller Hochachtung für ihre ehemalige Erzieherin und für Fräulein Marilis, mit höflichen Grüßen, Valeska Gräfin Tschernikoff.

Fräulein Amelies Augen sind feucht, als sie den Brief zusammenfaltet.

»Das, mein liebes Kind, hätte ich nicht zu hoffen gewagt. An der Seite der Fürstin wirst du viele Reisen machen, du wirst die schönsten Flecken Europas kennen lernen und mit Menschen der besten Gesellschaft zusammentreffen. Ein solches Anerbieten erhält ein Mensch nur einmal. Wir werden gleich hinschreiben, dass du die Stelle in jedem Fall annimmst.«

»Aber Mutter, Ihr seid ja so sehr bemüht, mich aus dem Haus zu schaffen!«

»Das dient nur zu deinem Besten. Und für mich ist es eine enorme Beruhigung, dich bei der Gräfin in Stellung zu wissen. Sie ist eine feine und feinfühlige Frau, die einen schweren Kummer zu tragen hat. Aber davon berichtet sie dir vielleicht selbst einmal.«

Für Kätta gibt es eine glückliche Wendung der Dinge. Sie wird nun doch nicht ins Armenhaus ziehen. Ihre älteste Nichte im Nachbardorf ist vor etlichen Jahren verstorben und hat neben dem Witwer einige halbwüchsige Kinder hinterlassen. Der Witwer hatte sich nach einer tüchtigen Magd umgesehen, die den Haushalt versorgen sollte. Diese Magd hat inzwischen aber geheiratet und ist weggezogen. Nun bittet der Witwer, Kätta möge doch zu ihm ziehen und sich um die beiden jüngsten Kinder kümmern, denn die beiden ältesten seien schon aus dem Haus.

Kätta weiß, dass im Haus des Witwers viel Arbeit auf sie wartet, aber sie stellt sich der Herausforderung. »Die Kinder sind doch wenigstens meine Verwandten«, überlegt sie. »Und sollte der Hannjost noch einmal heiraten, dann kann ich immer noch ins Armenhaus gehen.«

Bald darauf fährt der Hannjost mit seinem Gaul und einem Wagen vor dem Pfarrhaus vor und holt Kätta mit ihrer Gesindetruhe und ein paar in Schachteln verpackten weiteren Habseligkeiten ab. Zum Abschied drückt Fräulein Amalie der treuen Seele ein Beutelchen mit Geld in die Hand.

»Das soll der Nachlass des Pfarrers für dich sein. Hätte er ein Testament gemacht, dann wärest du sicherlich auch bedacht worden.«

Kätta schluchzt kurz auf, dann aber fasst sie sich. »Ich habe beim Hannjost viel zu tun«, sagt sie, »deswegen will ich nicht lange plärren.«

Hannjost schnalzt mit der Zunge, der Wagen setzt sich in Bewegung, Kätta winkt noch einmal, und schon ist sie um die Ecke gefahren, einer tätigen Zukunft entgegen.

Irgendwann ist dann der Tag des endgültigen Auszugs gekommen. Fräulein Amelie hat zuvor alles, was sie mit ins Fräuleinstift nehmen will, gut verpackt. Die Möbel, die nicht mehr gebraucht werden, sind den Bewohnern des Dorfes zum Kauf angeboten worden. Ebenso ist es mit dem Hausrat gegangen. Vieles wird im Dorf in anderen Häusern Verwendung finden; anderes, was sich nicht mehr hat verkaufen lassen, wurde von Fräulein Amelie kurzerhand verschenkt. Das erlöste Geld soll Marilis zugute kommen, denn sie muss sich nun mehrere schlichte, aber solide Kleider in gedeckten Farben zulegen. Gediegen soll die Garderobe sein, aber als Gesellschafterin darf sie natürlich niemals prächtiger gekleidet sein als die Dame, in deren Diensten sie steht.

Die wenigen Wochen, die bis zum Frühsommer und damit zur Ankunft der Gräfin Tschernikoff zu überbrücken sind, darf Marilis im Stift bei Fräulein Amelie wohnen. Die Genehmigung dazu hat sie glücklicherweise erhalten. Von ihren Freundinnen und Bekannten hat Fräulein Amelie schon Abschied genommen. Marilis dagegen hat keine echten Freundschaften mit Mädchen aus dem Dorf schließen können, dafür fehlte ihr die Gelegenheit. Das gewaltige Lernpensum, das der Pfarrer ihr aufgepackt hatte, sorgte dafür, dass sie einen ausgefüllten Tagesablauf hatte und sich über Langeweile keineswegs zu beklagen brauchte. Da blieb für innige Freundschaften keine Zeit.

Als der Wagen vorfährt, der Fräulein Amelie und Marilis mit den verbliebenen Habseligkeiten nach Nauheim bringen soll, fällt der Abschied von Grüningen dann gar nicht mehr schwer. Marilis hat nicht einmal Tränen in den Augen, als das Gefährt das Dorf verlässt. Lange noch ist der trutzige Kirchturm zu sehen, aber sie schaut nicht zurück. Bald wird sie auf eigenen Füßen stehen und vieles von dem, was sie gelernt hat, anwenden. Ein bisschen beklommen ist ihr zwar zumute, wenn sie an die Zukunft denkt, aber die Abenteuerlust ist stärker – ein Vorrecht der jungen Menschen, die sich ins Leben hinaus wagen.

Im Nauheimer Stift wohnen etwa zwanzig adlige Damen in einem großzügig angelegten Gebäude. Alle sind mehr oder weniger betagt und mit den Verwandtschaftsbeziehungen der hessischen Adelsfamilien bestens vertraut. Solchen bisher noch nicht aufgedeckten Familienbanden nachzuspüren, gehört auch zu ihren Lieblingsbeschäftigungen.

Marilis hilft ihrer Pflegemutter, sich in dem hellen Zimmer, das sie in Zukunft bewohnen wird, häuslich einzurichten. Einige liebe Erinnerungsstücke müssen auf alle Fälle untergebracht werden, auch das große Himmelbett, das schon Amelies Großmutter gehört hat, ein zierlicher Sekretär und eine flämische Krone. In der Ecke des Raums steht ein hoher Kachelofen, der im Winter für heimelige Wärme sorgen soll. Einige Gemälde aus dem Familienbesitz müssen ebenfalls einen Platz an den Wänden finden. Als das Zimmer komplett eingerichtet ist, erscheint es gar nicht mehr so groß und hell, sondern eher klein und dämmerig. Aber Fräulein Amelie ist sehr zufrieden.

»Hier wird es mir gefallen, mein liebes Kind. Fast mit allen hier wohnenden Damen bin ich weitläufig verwandt, wir werden viel Gesprächsstoff haben. Ich kann mich aber auch zurückziehen und meine Bücher noch einmal lesen, immerhin habe ich etwa fünfundzwanzig Bände. Du siehst, mein Liebes, dass ich viel tun kann. Und ich werde dir natürlich häufig schreiben, denn ich muss ja die Briefe beantworten, die du mir regelmäßig schicken wirst.«

Die Stiftsdamen können Fräulein Amelie einige gute Schneider empfehlen, die preiswert und solide arbeiten. So kann in den Wochen bis zur Ankunft der Gräfin Tschernikoff die Garderobe für die angehende Gesellschafterin genäht werden.

Kurz bevor die Gräfin anreist, bittet Fräulein Amelie ihre Pflegetochter zu einem Gespräch. Marilis ist befremdet über den ernsten Gesichtsausdruck der Mutter.

»Mein liebes Kind, ich habe lange mit mir gerungen, ob ich das, was ich dir anvertrauen möchte, überhaupt sagen soll. Aber es erscheint mir sinnvoll, dass du weißt, welche Nöte deine Gräfin, meine liebe Schutzbefohlene von einst, zu tragen hat. Lass mich ein wenig ausholen. Ihr Gatte war ihr, der zierlichen jungen Frau, von Herzen zugetan. Er hat sie bei einem Hofball in Dresden kennen gelernt und sich unsterblich in sie verliebt. Seine Familie hat sich seiner Wahl zunächst heftig entgegengestellt, denn die junge Valeska war nicht sehr begütert, wogegen Graf Tschernikoff unermessliche Güter in Russland besitzt. Die Familie hatte bereits eine passende Partie für ihn ins Auge gefasst, eine Adlige, die zwar über die Maßen reich war, aber nur wenige äußerliche Vorzüge aufweisen konnte. Graf Tschernikoff, der Erbe eines großen Besitzes, setzte die Heirat mit Valeska gegen den Willen der Eltern durch.«

Fräulein Amelie lächelt beglückt bei der Erinnerung an das Ereignis. »Ich habe das Bild gesehen, das sie im Brautschmuck zeigt. Sie sah ganz entzückend aus. Ihr Liebreiz gewann auch bald die Herzen der Schwiegereltern, die sich damit aussöhnten, dass sie nicht begütert war. Sie freuten sich am Glück ihres Sohnes, der mit der zierlichen Frau das große Los gezogen zu haben schien. Umso sehnlicher warteten sie darauf, dass die Schwiegertochter ihnen nun alsbald den erhofften Enkel und Stammhalter bescheren würde. Denn beim Ausbleiben von leiblichen Erben würde der gesamte Besitz an eine Nebenlinie fallen, mit der der Graf und seine Eltern wegen verschiedener unerfreulicher Geschehnisse in Zwietracht lebte.«

Marilis hat aufmerksam zugehört. Nach einer Pause fährt Fräulein Amelie fort: »Sowohl Gräfin Valeska als auch ihr Gatte haben sich diversen ärztlichen Untersuchungen unterzogen. Die Ärzte kamen übereinstimmend zu dem Ergebnis, dass die Gräfin wohl niemals Kinder bekommen könnte. Anfangs meinte man, womöglich den Grafen als den Urheber der Kinderlosigkeit des Paares ansehen zu müssen, doch dann verlautete diskret, dass er vor seiner Eheschließung ein Verhältnis mit einer polnischen Tänzerin gehabt habe, welches nicht ohne Folgen geblieben sei. Ein gesundes Mädchen verdanke ihm sein Dasein. Die Schmach der Kinderlosigkeit liegt somit ganz auf Valeskas Schultern. Einige Ärzte rieten ihr, sich in verschiedenen Heilbädern behandeln zu lassen. Das ist auch der Grund, warum sie jährlich nach Nauheim reist. Aber bisher ist alles vergeblich gewesen, die Mutterfreuden sind ihr versagt geblieben.

Inzwischen stellen sich die Schwiegereltern, greise Leute, wiederum gegen sie und machen dem Grafen Vorhaltungen, weil er nicht die Braut genommen hätte, die sie für ihn ausgesucht hatten. Diese hat nämlich in der Zwischenzeit fünf gesunden Kindern das Leben geschenkt. Im letzten Brief schrieb die Gräfin, dass sie anfange, grüblerisch zu werden, obwohl ihr Gatte treu zu ihr halte.«

»Nun kann ich verstehen, warum sie eine Gesellschafterin braucht«, wirft Marilis teilnahmsvoll ein. »Ich will versuchen, ihr Los ein wenig erträglicher zu machen. Vielleicht kann ich sie davon ablenken, immer über das betrübt zu sein, was ihr versagt geblieben ist.«

»Ich sehe, mein Kind, du hast erkannt, worauf es bei ihr ankommt. Sei freundlich zu ihr und versuche, sie nie zu kränken, denn sie ist ein guter Mensch.«

»Ich verspreche es Euch, liebe Mutter«, sagt Marilis.

»Eines noch, meine Marilis! Du musst ihr nicht erzählen, dass ich dir bereits über ihr Leid berichtet habe. Du hast ja gemerkt, dass ich es nicht aus Klatschsucht tat, sondern aus tiefer Sorge um sie. Ich habe dich darüber in Kenntnis gesetzt, damit du dich von Anfang an besser auf sie einstellen kannst.«

»Seid ohne Sorge, Mutter!«

Eines Tages erscheint ein Bote im Stift und teilt mit, Gräfin Tschernikoff sei im Bad eingetroffen und wünsche brennend, die Damen zu sehen. Marilis wählt ihr graues Seidenkleid aus, nur mit einer Rose als Schmuck an der Brust. Sie möchte der Gräfin gefallen, in jedem Falle aber bescheiden aussehen. Im offenen Landauer werden die beiden abgeholt.

Die Gräfin ist im Fürstenhof abgestiegen, einem Hotel, das den Adligen vorbehalten ist. Marilis staunt über die Pracht im Foyer, aber sie kommt gar nicht dazu, alles recht anzuschauen, weil sofort die Gräfin auf der Bildfläche erscheint. Der traurige Zug in ihrem Gesicht hat sich verstärkt, seit Marilis sie das letzte Mal gesehen hat.

Gräfin Valeska begrüßt ihre ehemalige Erzieherin freundlich und wendet sich dann Marilis zu, die sie eindringlich mustert, während sie ein paar französische Floskeln über das Wetter sagt. Dann ergreift sie die Hand des Mädchens und sagt: »Ich fühle es, Ihr werdet mir eine wahre Freundin sein. Ihr werdet meinem Leben wieder Sinn geben und es hell machen. Wollt Ihr das tun?«

»Ich will es versuchen, gnädige Gräfin, aber ich weiß nicht, ob ich es vermag«, antwortet Marilis mit etwas zittriger Stimme.

»O mein liebes Fräulein, da bin ich mir völlig sicher.« Die Gräfin drückt Marilis' Hand, dass es fast weh tut. »Nun darf ich die Damen auf mein Zimmer bitten. Ich werde gleich den Tee servieren lassen.«

Auf einer breiten, mit Teppichen belegten Marmortreppe steigen die drei eine Etage höher. Das Zimmer der Gräfin ist mit Blumen reichlich geschmückt. An einem Teetischchen nehmen sie Platz.

Die Gräfin lässt es sich nicht nehmen, selbst den Tee einzuschenken. Dabei sagt sie: »Ich würde Fräulein Marilis gern auch meinem Gatten vorstellen. Er hat sich zum Tee angesagt.«

Nach einer Viertelstunde meldet ein Diener die Ankunft des Grafen. Erstaunt bleibt er in der Mitte des Zimmers stehen. Noch bevor er die Gäste begrüßt, sagt er zu seiner Gattin: »Diese junge Dame habt Ihr ausgesucht? Ich muss gestehen, ich hätte mit einer solchen Wahl Eurerseits nicht gerechnet.« Die Gräfin senkt lächelnd die Augen.

Der Graf begrüßt Fräulein Amelie galant mit einem Handkuss. Fräulein Amelie erhebt sich und versucht, einen Hofknicks zu machen, aber der Graf meint. »Ich bitte Euch, gnädiges Fräulein, lassen wir doch diese Formalitäten.« Und zu Marilis gewendet, sagt er: »Bitte nicht jedes Mal einen Knicks, wenn ich erscheine. Das nimmt viel zu viel Zeit in Anspruch.«

Lange hält er Marilis' Hand in der seinen und schaut ihr in die Augen. Dann wendet er sich seiner Frau zu und sagt: »Exzellent, meine Liebe!« Worauf die Gräfin lächelnd antwortet: »Habe ich Euch zu viel versprochen?«

Kurz darauf ist mündlich vereinbart, dass Fräulein Marilis Balzer als Gesellschafterin der Gräfin tätig sein wird. Sie wird die Gräfin auf ihren Reisen in diverse Bäder begleiten, im Winter mit nach Russland reisen, aber längerfristige Pläne seien noch nicht geschmiedet.

Jetzt erst kommt Marilis dazu, den Graf näher zu betrachten. Er ist ein groß gewachsener, schlanker Mann mittleren Alters mit noch vollem lichtbraunem Haar, das hier und da schon einen grauen Faden zeigt. Der kurz geschnittene Bart umrahmt ein längliches Gesicht mit vollen, roten Lippen. Die Nase ist eine Idee zu spitz. Auffallend sind die Augen, die von buschigen, über der Nasenwurzel zusammengewachsenen Brauen überschattet werden, aber in ihrer grauen Farbe eine eigenartige Klarheit ausstrahlen. »Dieser Blick ist frei und offen. Manchem mag er durch und durch gehen«, denkt Marilis. Sie findet den Grafen zwar nicht gerade übermäßig gut aussehend, aber doch insgesamt sympathisch.

Korrespondenz

Brief an Fräulein Amelie von Stückrath

Innig geliebte Mutter! Nach den Aufenthalten in Wiesbaden, Wildungen, Oeynhausen und Karlsbad hat der Graf sich entschlossen, noch vierzehn Tage bei einem Freund auf dessen Gut in der Nähe von Prag zu verweilen. So sind die Gräfin und ich in seiner Begleitung und der Begleitung einiger Bediensteter von Karlsbad bei herrlichem Herbstwetter in der Kutsche quer durch Böhmen gereist. Bitte fragt mich nicht nach dem Namen des prächtigen Landsitzes: er ist unaussprechlich und fremd, so fremd, wie es die böhmischen Dörfer des Sprichwortes nun mal sind. Die Gräfin bewohnt ein sehr schönes, reich möbliertes Zimmer in der Beletage, mein Zimmer liegt zwei Stockwerke höher unter dem Dach, ist aber auch vortrefflich ausgestattet.

Zwei Tage lang haben die Gräfin und ich die Nachmittage damit verbracht, den herrlichen Park zu erkunden. Vorgestern nun haben wir das Angebot des Gutsbesitzers angenommen, uns mit der Kutsche ins nahe Prag zu fahren und uns die Stadt zu zeigen. Wir fuhren bis zur Karlsbrücke, die wir zu Fuß überquerten, stiegen dann hinauf zum Hradschin, der prächtigen alten Burg über der Moldau, und besichtigten anschließend den Veitsdom. Ich könnte die vielen überwältigenden Eindrücke Euch kaum mündlich schildern, liebe Mutter, wie viel schwerer fällt es mir da, sie zu Papier zu bringen. Ich berichtete Euch von Wiesbaden, einer Stadt, die mich sehr beeindruckt hat, aber Prag scheint mir die Pracht Wiesbadens noch zu übertreffen. Hier ist alles älter, hier atmet noch das Mittelalter in den Gassen, hier ist künstlerische Größe neben der ältesten Wissenschaft … kurz, ich bin begeistert. Ich denke, auch meine Gräfin teilt mit mir die Freude über diese herrliche Stadt.

Der Graf weicht übrigens nicht von unserer Seite. Er ist mir gegenüber immer sehr ritterlich. Auf Bitten der Gräfin hat er mir in Prag ein wunderschönes Granatkollier geschenkt. Ich weiß nicht, ob Ihr diesen Halbedelstein kennt. Er ist bräunlich schimmernd und an manchen Stellen lichtdurchlässig. Solchen Schmuck habe ich, wie Ihr wisst, niemals besessen und schon gar nicht getragen. Der Graf meinte, ich dürfe diesen Schmuck nun aber nicht immer nur zu dunklen Kleidern tragen. Ich solle doch ein paar hellere und farbigere Kleider anlegen. Ich bemerkte schamhaft, dass ich solche Kleider nicht besäße. Da schlug die Gräfin vor, mir einige nähen zu lassen. Sie selbst wolle sich mit der Schneiderin beraten. Ist das nicht großzügig? Ich weiß gar nicht, womit ich so viel Fürsorge und Güte verdient habe.

Liebste Mutter, die Gräfin hat mir ihren großen Kummer anvertraut. Ich leide sehr mit ihr und würde alles darum geben, ihr zu helfen. Es stimmt mich tief traurig, dass diese wunderbare Frau wohl niemals ein eigenes Kind in den Armen halten wird. Und wie recht habt Ihr daran getan, mich schon auf die Not Eurer ehemaligen Schutzbefohlenen vorzubereiten. Ich denke, ich wäre sehr erschüttert gewesen, wenn ich unvorbereitet ihren Kummer hätte anhören müssen. So aber konnte ich die Fassung wahren, wiewohl ich mich einiger Tränen nicht zu erwehren vermochte. Die Gräfin ist mir für meine tiefe Anteilnahme dankbar. Das sagt sie mir fast täglich.

Liebe Mutter, ich schreibe Euch demnächst, wenn wir abgereist sind. Wohin die Reise dann geht, ist noch ein Geheimnis. Ich lasse mich überraschen. Hoffentlich kann ich Euch bald einmal in Nauheim überraschen, wenn die Reise wieder nach Westen geht. Vorerst spricht aber alles gegen ein baldiges Wiedersehen.

Ich bitte Euch, mir getreulich mitzuteilen wie Ihr Euch befindet. Sobald unser nächstes Reiseziel erreicht ist und ich weiß, dass dort ein längerer Aufenthalt geplant ist, werde ich Euch die dortige Anschrift mitteilen, damit Ihr Euren teuren Brief dorthin senden könnt.

Seid bis dahin meiner treuen Liebe versichert und lasst Euch herzlich grüßen und küssen von Eurer dankbaren Tochter Marilis.

Brief an Fräulein Marilis Balzer

Mein geliebtes Kind! Mit großer Freude habe ich erfahren, dass du das goldene Prag gesehen hast. Ich habe mir eine Reise dorthin immer einmal gewünscht, sie ist mir aber nicht vergönnt gewesen. Umso mehr freue ich mich darüber, dass du in den Genuss einer Reise in die alte Universitätsstadt und Hauptstadt des Böhmerlandes gekommen bist.

Es stimmt mich sehr froh, dass du es bei der Gräfin so gut getroffen hast, und dass auch der Graf dich schätzt. Ich hatte – im Nachhinein sei es dir eingestanden – ein wenig Angst, wie er sich zu dir, einer Bürgerlichen, stellen würde, denn er verkehrt ja oft in den Kreisen des Hochadels. Meine Bedenken haben sich nun ganz offensichtlich als unnötig erwiesen.

Liebe Tochter, du hast im letzten Brief die Bitte an mich herangetragen, dir mein Ergehen immer getreulich zu schildern. Dieser Bitte komme ich nach, obwohl ich es ungern tue, denn ich muss dir etwas Unerfreuliches mitteilen. Aus Unachtsamkeit – oder war es ein kleiner Anfall von Schwindel – bin ich auf der Treppe des Stifts, du kennst sie, zu Fall gekommen. Ich stürzte so unglücklich, dass ich mir dabei rechts einen Oberschenkelbruch zuzog. Seitdem bin ich ans Bett gefesselt. Es ist mir auch mit Krücken nicht möglich, mich fortzubewegen. Daran mag auch die Tatsache schuld sein, dass ich in letzter Zeit etwas stark geworden bin.

Mein liebes Kind, ich möchte dir keinesfalls das Herz beschweren, aber in sehr vielen ähnlich gearteten Fällen ist ein Oberschenkelbruch für die Person, die diesen Bruch erleiden musste, nicht gut ausgegangen. Das lange Liegen verursachte schließlich ein böses Fieber und eine Ansteckung der Lunge, die zum Hinscheiden führte. Ich habe nun auf dem Krankenlager viel Zeit, über mein Leben nachzudenken, und ich bin Gott sehr dankbar für die Fülle seiner Wohltaten. Ein ganz großes Geschenk für mich bist du gewesen, meine liebe Marilis. Durch dich ist meine Sehnsucht nach einem eigenen Kind, die ich ein ganzes Leben lang in mir trug, gestillt worden. Ich durfte deine Mutter werden, obwohl ich dich nicht geboren habe. Und wie gern habe ich diese Aufgabe angenommen. So lass dir danken für deine Liebe und dein Vertrauen. Beides hast du mir in reichem Maße entgegengebracht.

Mein Brief klingt nach einem Abschied, liebe Tochter. Dabei hoffe ich doch, von diesem Leiden zu genesen, vor allem das böse Fieber nicht zu bekommen und dich im nächsten Jahr glücklich in die Arme schließen zu dürfen. Bitte grüße meinen einstigen Zögling, deine liebe Gräfin, herzlich von mir und sei der steten Liebe gewiss, die ich für dich hege.

Deine Mutter Amelie von Stückrath.

Dieser Brief erreicht Marilis in Dresden. Sie schreibt besorgt zurück und erfährt, dass der Zustand der Mutter sich nicht bessern will. Die Nachricht hat eine verwandte Stiftsdame ihr zukommen lassen, denn Fräulein Amelie ist nicht mehr in der Lage, selbst einen Brief zu verfassen. In großer Sorge schreibt Marilis nun an die Stiftsdame, erhält aber die traurige Antwort, dass Fräulein Amelie heimgegangen sei und auf dem Friedhof zu Nauheim begraben liege.

Die Gesellschafterin

Marilis trauert im Stillen. Als Gesellschafterin von Gräfin Valeska kann sie nicht den ganzen Tag mit Trauermiene herumlaufen, und so zwingt sie sich, ihren Schmerz für sich zu behalten. Um sie zu trösten, schenkt die Gräfin ihr einen kostbaren Ring, den Marilis eigentlich gar nicht haben will; aber die Gräfin lässt nicht locker, besteht darauf, ihr gerade diesen Ring zum Geschenk zu machen. Zweifellos hätte Marilis stärker unter dem Tod der Mutter und dem Abschiedsschmerz gelitten, wenn nicht gerade jetzt die Ereignisse sich überstürzt hätten.

Noch immer halten sich die Gräfin, der Graf und die Dienstboten, unter denen Marilis eine bevorzugte Stellung einnimmt, in Dresden auf. Sie wohnen in einer Villa, die der Graf für die Dauer seines Aufenthaltes gemietet hat. Die Weiterreise in den Osten soll jedoch noch vor dem Wintereinbruch erfolgen, deshalb rechnet man täglich damit, dass der Graf den Befehl zum Aufbruch erteilt.

Eines Tages bittet die Gräfin Marilis, mit ihr allein in ihrem Zimmer zu speisen. Ein schmackhaftes Mahl ist vorbereitet worden; die Gräfin selbst will servieren, sodass alle Dienstboten Urlaub erhalten konnten. Nur Gräfin Valeska und Marilis befinden sich in der prächtigen Villa.

Nach der Beendigung des Mahls bittet die Gräfin ihre Gesellschafterin, neben ihr auf der Chaiselongue Platz zu nehmen. Marilis spürt, dass sie ihr etwas anvertrauen möchte. Gräfin Valeska nimmt die Hand des jungen Mädchens und beginnt plötzlich zu weinen. Marilis streichelt sie tröstend am Arm. »Wenn Ihr etwas auf dem Herzen habt, was Euch bedrückt, so sprecht es aus«, bittet sie.

Als die Gräfin etwas ruhiger geworden ist, fragt sie: »Marilis, hast du mich lieb?«

Marilis ist erstaunt darüber, dass die Gräfin sie mit dem vertraulichen Du anredet. Sie sagt sanft: »Liebe Gräfin; ich kenne keinen Menschen auf der Welt, den ich lieber hätte als Euch.«

»Würdest du alles tun, um mir zu helfen?«

»Alles, was in meiner Macht steht, Euch glücklich zu sehen.«

»Du bist so gut. Und sag, als Pflegetochter eines Pfarrers kennst du doch sicherlich auch die Bibel.«

»Ich denke schon.«

»Hast du auch das Alte Testament gründlich gelesen?«

»Jawohl, denn die Geschichten der Erzväter sind spannend.«

»Dann weißt du auch, dass Sarai, die Frau des Patriarchen Abraham, kein Kind hatte. Um ihrem Mann ein Kind zu bescheren, verfiel sie auf die Idee, ihm ihre Magd zu geben. Die hat dann tatsächlich einen Sohn geboren.«

»Die Magd hieß Hagar, und der Sohn bekam den Namen Ismael, wenn ich mich recht erinnere.«

»Ich sehe, du kennst dich aus, meine liebe Marilis. Ich möchte nun ebenso verfahren wie die arme Sarai. Du sollst an meiner Statt meinem Gatten, dem Grafen Tschernikoff, ein Kind schenken.«

Marilis braucht eine kurze Weile, bis sie die Tragweite dessen, was sie soeben gehört hat, richtig erfasst.

»Aber ... dann ... müsste ja der Graf ...« stammelt sie mit blutrotem Kopf. Sie will aufspringen, aber die Gräfin ergreift ihre Hand.

»Ja, liebe Marilis, der Graf müsste dich einige Male in deinem Schlafzimmer besuchen, um die Voraussetzungen für die Geburt eines Kindes zu schaffen. Das geschähe nicht nur mit meiner Billigung, sondern auf meinen ausdrücklichen Wunsch hin. Ich wünsche mir nichts sehnlicher, als dass du so schnell wie möglich schwanger wirst und ein Kind bekommst.«

Marilis ist sprachlos. Die Gräfin fährt fort: »Kein Mensch würde je erfahren, dass ich nicht die Mutter dieses Kindes bin. Es selbst natürlich auch nicht. Vor aller Welt würde es als Kind des Grafen, das es ja dann auch wirklich wäre, und als mein Kind gelten. Selbstverständlich wäre es auch Erbe des reichen Besitzes der Tschernikoff.«

»Aber ich ... soll ich das Kind dann ...?«

»Du müsstest auf jedes Recht an diesem Kind verzichten, liebe Marilis. Wenn die Täuschung gelingen soll, darf niemand auch nur den geringsten Verdacht schöpfen. Wenn aber die Täuschung misslänge, dann würden der Graf, ich selbst, aber auch du und das Kind geächtet. Deshalb dürftest du niemals je ein Sterbenswörtchen darüber verlieren.«

Marilis schlägt die Hände vor das Gesicht und beginnt zu weinen. »Teuerste Gräfin, das ... das ... das kann ich nicht. Ich kann mir das alles gar nicht vorstellen. Und es ist doch auch so etwas wie Ehebruch.«

»Nein, kleine Marilis, das ist es nicht. Ich wünsche sehnlichst, dass du ein Kind vom Grafen empfängst, damit mein Gatte einen Nachkommen und meine Ehe Bestand hat. Du wirkst also einem Ehebruch damit genau entgegen.«

»Ich soll jetzt ... vom Grafen ein Kind bekommen, es Euch überlassen und dann?«

»Für dich würde gesorgt. Mein Gatte würde dir eine fürstliche Summe zahlen. Du könntest dir damit eine eigene Existenz schaffen.«

»Und wenn ich mich weigere?«

»Davon gehe ich nicht aus. Hast du nicht noch vorhin gesagt, du tätest alles in deiner Macht Stehende, um mich glücklich zu sehen? Jetzt stehe zu deinem Wort! Es liegt in deiner Macht, mich glücklich zu sehen als Mutter eines Kindes, das du dem Grafen stellvertretend für mich schenkst.«

»Gräfin Valeska, gebt mir einen Augenblick Zeit!«

»Ja, meine Liebe, ich kann mir vorstellen, dass das alles momentan etwas verwirrend für dich klingen mag.«

Marilis stützt den Kopf in die Hände. Schlagartig wird ihr klar, dass die Gräfin sie von Anfang an ausgewählt hat für die Aufgabe, stellvertretend für sie ein Kind zur Welt zu bringen. Sie hat sie ausgewählt, weil sie ihr äußerlich ähnlich sieht. Bei dem Kind würden alle Verwandten die Ähnlichkeit mit der Gräfin feststellen. Sie als nichtadliges Mädchen ohne Verwandtschaft … sie wurde gewählt, weil dann niemand fragen würde, wo sie denn neun Monate lang geblieben sei. Und weil man sie, sollte sie das Angebot ausschlagen, leicht »verschwinden« lassen könnte. Alle Zuneigung und Fürsorge der Gräfin, die Geschenke des Grafen … das galt gar nicht ihr, sondern dem zukünftigen Stammhalter, den sie zur Welt bringen sollte …

»Es war von Anfang an Euer Plan mit mir, nicht wahr, Gräfin Valeska?«

»Ich leugne es nicht. Aber ich habe dich in der Zeit, seit du bei mir bist, lieb gewonnen. Das darfst du mir glauben.«

»Es ist mir nicht verborgen geblieben. Und Ihr habt gespürt, dass ich tiefe Zuneigung zu Euch gefasst habe. Trotzdem würdet Ihr im Falle meiner Weigerung mich schnellstens irgendwie mundtot machen. Denn wenn ich öffentlich über diese Forderung redete …«

»Liebe Marilis, du wirst dich nicht weigern. Du hältst dein Wort, dass du mich glücklich sehen willst, sofern es in deiner Macht steht. Kann ich also dem Grafen die Nachricht überbringen, dass du mit unserem Plan einverstanden bist?«

Abseits der großen Straße

Ludwig ist mit seinen Tauben allmählich bis an die Grenze zu Russischpolen gewandert. Er meidet auf seiner Wanderung die großen Städte und bevorzugt die weniger befahrenen Straßen durch Dörfer und kleine Ortschaften.

Als er die Grenze zum Zarenreich überschreiten will, weist man ihn zurück. Auch der Hinweis, dass er nach Lodz gehen wolle, um dort als Webergeselle zu arbeiten, hilft ihm nicht weiter. Seit der Erhebung der Polen gegen die russische Oberhoheit im Jahre 1830/31, die vom Zaren erbarmungslos niedergeschlagen worden war, sind die Kontrollen an den Grenzen sehr streng. Man fürchtet immer wieder, dass politische Revolutionäre unter dem Deckmantel der Arbeitssuche nach Russischpolen einwandern könnten, um die polnische Bevölkerung zum Widerstand gegen die Russen aufzuhetzen.

Oftmals versuchen auch die vertriebenen Großgrundbesitzer mittels geschmuggelter Briefe mit den in der Heimat Zurückgebliebenen Kontakt zu halten, was natürlich von der russischen Regierung nach Kräften unterbunden wird. Hinter vorgehaltener Hand erzählt ein Landsmann aus Hessen, dass er einen Brief eines bei Marburg lebenden Exil-Polen auf ein polnisches Landgut geschmuggelt habe. Der junge Mann aus Hessen hat Dompfaffen, auch Gimpel genannt, im Vogelsberg zu Sängern ausgebildet. Diese Vögel können Volkslieder wunderschön pfeifen. In den wohlhabenden Familien gehört es zum guten Ton, einen singenden Gimpel zu besitzen. So führte der junge Hesse etwa zwanzig Dompfaffen auf einem Wagen in kleinen Käfigen mit sich, die er nach Warschau bringen wollte, um sie dort zu verkaufen. Einer der Käfige hatte einen doppelten Boden. In diesem war ein Brief versteckt, den die Grenzbeamten nicht entdeckten. Der Vogelhändler konnte den Brief also unbemerkt zustellen. Nun ist er auf der Rückreise mit leeren Käfigen über die Grenze gekommen und freut sich, wieder auf deutschem Boden zu sein.

Ludwig hält sich einige Zeit in der Nähe der Grenze auf, wandert dann aber zurück durch Schlesien nach Sachsen. Im Herbst will er noch einmal versuchen, über die Grenze zu gehen. Vielleicht sind die Kontrollen ja nicht immer so streng.

Seine Trennung vom Zirkus hat Ludwig nicht bereut. Dort bot man ihm zwar freie Kost und Logis, aber er gelangte niemals in den Besitz von Geld. Die Einnahmen gehörten dem Zirkusdirektor und seiner Familie. Jetzt, wo er wieder unabhängig ist, bekommt er für seine Vorstellungen mit den Tauben oft ein wenig Kleingeld zugesteckt, das er spart. Lebensmittel sind ihm natürlich auch willkommen, weil er dann sein Geld nicht auszugeben braucht.

Eine Zeitlang wandert er durch die Dörfer der Sorben bei Bautzen, deren Sprache er noch nie gehört hat, die aber Deutsch verstehen. Hier wird er meistens mit Essen entlohnt. Dann wendet er sich nach Süden in Richtung auf Zittau zu. Das Wetter ist bereits herbstlich, aber noch lässt es sich gut wandern.

An einer Wegkreuzung sitzt ein Mann und klopft Pflastersteine in den Weggrund, um in der kommenden feuchten Jahreszeit ein Einsinken der darüber fahrenden Wagen zu verhindern. Der Steinklopfer pfeift ein fröhliches Lied, als Ludwig näher kommt, seinen Karren mit den Tauben hinter sich herziehend.

»Nun, junger Freund«, redet der Steinklopfer ihn an, »hoffentlich ist eure Last nicht so schwer, dass ihr damit einsinkt. Gleich um die Wegbiegung da vorn ist der Weg vom letzen Regen tüchtig aufgeweicht.«

»Da seid ohne Sorge«, antwortet Ludwig. »Meine Begleiter sind federleicht im wahrsten Sinne des Wortes.« Er lüftet die

Decke vom Käfig der Tauben, um sie dem freundlichen Mann zu zeigen.

»Was habt Ihr mit den schönen Tierchen vor?«, fragt dieser.

»Sie sind abgerichtet und können wundervolle Kunststücke vollführen«, antwortet Ludwig bescheiden. »Ich verdiene mir meinen Lebensunterhalt damit, dass ich mit den Tauben Kunststücke vorführe.«

»Und das wollt Ihr hier in Herrnhut auch tun?«, fragt der Steinklopfer.

»Ja freilich«, entgegnet Ludwig. »Meine Tauben vollführen ihre Künste in jedem Dorf.«

»Ob man Euch aber dort willkommen heißen wird?«

»Oh, man heißt mich überall willkommen. Aber warum meint Ihr, könnte man mich dort nicht willkommen heißen?«

»Nun ja, wie soll ich sagen, wir von den Herrnhuter Brüdern denken in manchem anders als andere Leute. Bei uns gibt es Brüder, die solche Kunststücke als unnützes Gaukelspiel ansehen und deshalb ablehnen. Sie werden vielleicht sagen, dass es für einen kräftigen jungen Mann sinnvoller wäre, einer nützlichen Tätigkeit nachzugehen, als mit abgerichteten Tauben durch die Lande zu ziehen.«

Ludwig schluckt. Nicht so sehr, weil ihn eine solche Ansicht ärgert, sondern weil er selbst in letzter Zeit Ähnliches gedacht hat. Wie oft hat er die Bauern beneidet, die morgens auf ihre eigenen Felder gehen konnten, um darauf zu arbeiten.

»Ich habe keine andere Arbeit«, sagt Ludwig schlicht. »Deswegen möchte ich nach Lodz in Russischpolen reisen, denn dort gibt es Arbeit.«

Der Steinklopfer nickt bedächtig.

»Ich finde es aber auch schön, wenn ich mit den Kunststücken meiner Tauben den Leuten eine Freude machen kann. Das macht mich selbst froh. Natürlich ... Ich bin auch froh, wenn ich für diese Kunststücke ein wenig belohnt werde«, fährt Ludwig fort.

»Ich kann Euch gut verstehen«, räumt der Steinklopfer ein. »Aber mir würde eine solche Tätigkeit nicht genügen. Ein Mann muss etwas mit seinen Händen schaffen, etwas, das man sehen kann. Schaut, ich befestige diesen Weg. Jeden Tag wird er ein Stück länger. Wenn ich abends nach Hause gehe, dann habe ich deutlich vor Augen, was ich an diesem Tag geleistet habe.«

»Und so denken alle Leute dort in dem Dorf?«

»Viele denken sicherlich so.«

»Was sind das für Leute, die dort wohnen? Erzählt mir doch ein wenig von ihnen, wenn es Eure Zeit erlaubt!«

»Das will ich gerne tun, wenn es Euch nicht stört, dass ich dabei mein Vesperbrot verzehre.«

»Das stört mich gar nicht«, sagt Ludwig.

»Nun, die Protestanten aus Mähren mussten ihre Heimat verlassen, weil sie sich von ihrem evangelischen Glauben nicht trennen wollten. Als heimatlose Flüchtlinge zogen sie durch Deutschland, bis ihnen Graf Zinzendorf erlaubte, sich in seinem Ländchen anzusiedeln. So gründeten sie das Dorf dort drüben und gaben ihm den Namen Herrnhut. Sie haben sich zu einer Gemeinde von Brüdern zusammengeschlossen, ich gehöre auch dazu. Alle Menschen dort behandeln sich gegenseitig wie Brüder und Schwestern, so wie der Herr Jesus es seinen Nachfolgern geboten hat, das heißt, einer begegnet dem anderen mit Respekt und Hochachtung. Sie treffen sich zu Gottesdiensten und zur Betrachtung der Bibel. Sie versuchen, das Wort Gottes treu in ihrem Leben umzusetzen.«

»Dann müsste es aber sehr schön sein, bei ihnen zu wohnen. Kann jeder sich dort ansiedeln?«

»Falls Ihr meint, ob jeder in die Gemeinde aufgenommen werden kann, dann kann ich das bestätigen. Aber die Brüder wünschen, dass nur solche Menschen aufgenommen werden, die ihre Ansicht über den Glauben teilen.«

»Vor Jahren schon wollte ich wissen, was es mit dem Glauben

auf sich hat. Immer habe ich gehofft, einen Menschen zu treffen, der mir darüber genau Auskunft geben kann. Kennt Ihr Euch so gut aus, dass Ihr mir das erklären könnt?«

»Ich will es versuchen.«

»Dann bitte, lasst mich nicht lange warten.«

Der Steinklopfer legt sein Vesperbrot zur Seite. »Ihr kennt gewiss Adam und Eva, die beiden ersten Menschen der Bibel, die im Paradiesgarten wohnten. Sie lebten mit Gott in Eintracht und in Einklang. Sie hatten das Recht, sich von allen Früchten des Gartens zu nähren und sollten dafür den Garten bebauen und bewahren. Um ihr Vertrauen und ihren Gehorsam zu prüfen, verbot Gott ihnen, die Früchte eines bestimmten Baumes zu essen. Aber genau das taten die Menschen, die die Majestät Gottes nicht anerkennen wollten. Gott verschloss daraufhin den Garten und schickte die Menschen in die Welt hinaus. Ihr Los war nun harte Arbeit um das tägliche Brot und schließlich auch der Tod als Ende ihres irdischen Lebens.«

»Ich erinnere mich an diese Geschichte. Unser Lehrer hat sie erzählt«, sagt Ludwig mehr zu sich selbst als zu dem Steinklopfer.

»Aber schon damals hat Gott den beiden versprochen, dass einmal jemand kommen soll, der das gestörte Verhältnis zwischen Gott und den Menschen wieder in Ordnung bringt.«

»Das war bestimmt Jesus«, wirft Ludwig ein.

»Richtig. Gott fand einen Weg, um die Menschen in seine Gemeinschaft zurückzuholen. Als heiliger Gott hätte er die Menschen für ihren Ungehorsam eigentlich bestrafen müssen. Um ihnen das zu ersparen, schickte er seinen Sohn Jesus zu uns in die Welt, ließ ihn Mensch werden und bestrafte ihn an unserer Statt.«

»Das war die Kreuzigung.«

»Ja. Jesus erduldete diese Strafe ganz freiwillig. Deswegen hat ihn Gott auch nach drei Tagen wieder auferweckt. Nun kann er bei allen Menschen sein, die zu ihm beten. Er hat versprochen, alle Tage bei uns zu sein, um uns zu helfen und zu leiten.«

»Ich kann mir das nicht vorstellen. Er hilft mir doch gar nicht.«

»Habt Ihr ihm denn schon Euer gesamtes Leben überlassen?«

»Wie geht das denn, ›ihm mein gesamtes Leben überlassen‹?«

»Ihr sagt Gott im Gebet, dass Ihr Euer Leben bisher nach eigenem Gutdünken gelebt habt, ohne Euch überhaupt um ihn zu kümmern.«

»Hmm!«

»Dann sagt: Diese Sünde tut mir Leid. Bittet Gott um Vergebung und sagt ihm, er solle die Führung Eures Lebens übernehmen. Gott verpflichtet sich im Gegenzug, für Euch zu sorgen.«

»So einfach ist das?«

»Ihr habt dann die Zügel Eures Lebens nicht mehr selbst in den Händen, sondern legt sie in Gottes Hand.«

»Ja, könnte ich ihm die Zügel meines Lebens auch in die Hände geben?«

»Gott wartet darauf, dass Menschen das tun. So steht es in der Bibel. Wenn Ihr wollt, tut es doch gleich.«

»Ich will mir das alles noch einmal genau durch den Kopf gehen lassen.«

»Gott segne Euch dabei.«

»Und jetzt möchte ich das Dorf Herrnhut und die Menschen darin erst recht kennen lernen.«

Über die Grenze

Als Ludwig nach einiger Zeit das Dorf mit dem besonderen Namen wieder verlässt, ist er sehr fröhlich. Er hat sich mit vielen ernsten und heiteren Menschen über seine Fragen unterhalten, verschiedentlich hart gearbeitet, zwischendurch mehrfach seine Kunststücke mit den Tauben vorgeführt – und was ihm das Wichtigste ist: Er hat das Wagnis des Glaubens auf sich genommen. Er hat die Verantwortung für sein Leben Gott übertragen und mit Gott so etwas wie einen Vertrag geschlossen. Er vertraut darauf: Gott wird ihm in allen Lebenslagen beistehen und für ihn sorgen, und im Gegenzug wird er nicht eigenmächtig handeln, sondern um Gottes Weisung für sein Leben bitten. »Seitdem bin ich so froh, dass ich den ganzen Tag nur singen könnte«, denkt er.

Nun ist er im nasskalten Herbstwetter unterwegs. Er ist sich sicher, dass sein Weg nach Lodz führt. Wieder wandert er quer durch Schlesien und erreicht schließlich Kempen, die Grenzstadt zu Russischpolen. Ob er wohl diesmal die Grenze passieren darf?

»Wenn du es willst, dass ich nach Lodz reisen soll, dann sorge dafür, dass ich über die Grenze gehen darf, lieber Gott«, betet er.

Einige große Gasthäuser säumen den Marktplatz von Kempen, auf dem der in Grenzstädten übliche Markt abgehalten wird. Ludwig holt seine Tauben aus dem Käfig und lässt sie ihre Kunststücke vollführen. Ein vornehm gekleideter Herr bekundet mehrfach sein Vergnügen an der Darbietung. Als Ludwig mit der Vorführung zum Ende gekommen ist, drückt ihm der Fremde eine fürstliche Belohnung in die Hand und redet ihn an: »Könnt Ihr Eure Tauben mit ihren Kunststücken noch einmal für meine beiden Begleiterinnen zeigen? Sie bedürfen ein wenig der Aufmunterung bei diesem trüben Wetter.«

Ludwig ist sehr erstaunt über die Höhe der Belohnung und sagt gern eine weitere Vorstellung zu. Sie soll nach dem Mittagsmahl vor dem Gasthaus stattfinden.

Zur verabredeten Zeit führt der vornehme Fremde eine noch sehr junge und eine etwas ältere Dame herbei. Beide Frauen sind vornehm gekleidet und tragen auffällig weite Kleider. Neugierig blicken sie auf den Karren mit dem verdeckten Käfig. Als Ludwig die weißen Tierchen herausholt und sie über ihm flattern, um sich dann paarweise auf seine Schultern, Arme und Füße zu setzen, können sie Ausrufe des Entzückens nicht unterdrücken. Noch zweimal muss Ludwig das »Programm« zeigen, bis die Damen sich zurückziehen, um bis zur Reise ins Zarenreich hinein noch ein wenig zu ruhen.

Der vornehme Herr kommt mit Ludwig, der ihm offensichtlich gefällt, ins Gespräch. »Wollt Ihr auch hinüber nach Russischpolen reisen?«, fragt er ihn.

»Ich hoffe es sehr, dass ich diesmal die Grenze überschreiten darf. Letztens hat man mich zurückgeschickt, weil ich nicht die richtigen Papiere vorweisen konnte und außerdem den Grenzwächtern wohl verdächtig erschien.«

»Das kann sich doch nur um einen Irrtum handeln. Dass Ihr kein Spitzel oder Verschwörer seid, das sieht man Euch doch an.«

»Ich wünschte, die Herren Grenzwächter dächten so wie Ihr, mein Herr«, sagt Ludwig lächelnd.

»Was habt Ihr drüben vor?«

»Ich will in Lodz in den Webereien arbeiten. Meine Tauben werde ich mitnehmen, weil ich mich von ihnen nicht trennen kann.«

»Es wäre auch schade, wenn Ihr sie den Leuten nicht mehr zeigtet.«

»Danke.« Das Kompliment des vornehmen Mannes ist Ludwig peinlich.

»Ich könnte Euch helfen«, bietet da der vornehme Mann an. »Euch und Eure Tauben laden wir samt Karren auf einen meiner Pferdewagen. Ich bin ein russischer Edelmann und werde deshalb des Verschwörertums nicht verdächtigt. Ihr geltet dann als einer meiner Dienstboten und kommt unbehelligt über die Grenze. Drüben könnt Ihr gehen, wohin Ihr wollt.«

»Das wollt Ihr für mich tun, mein Herr? Ihr kennt mich doch gar nicht. Und viel Fahrgeld kann ich nicht bezahlen.«

»Das lasst nur im Beutel! Betrachtet meine kleine Hilfe als Dank dafür, dass Ihr den Damen eine Freude bereitet habt. Wartet hier an dieser Stelle. Ich werde einen der Pferdewagen hierher schicken lassen. Meine Diener mögen Euch dann beim Aufladen Eures Wagens behilflich sein.«

»Wie kann ich Euch nur danken?«, stammelt Ludwig, aber der vornehme Herr hat sich schon zum Gehen gewandt.

»Ich danke dir, Gott. Du hältst den Vertrag ...«

Ohne von einander zu wissen oder sich gegenseitig erkannt zu haben, reisen Marilis und Ludwig gemeinsam über die Grenze ins Russischpolnische hinein.

Als Ludwig an der nächsten Haltestation seinen Karren und den Taubenkäfig von dem Pferdewagen ablädt, fühlt er sich beobachtet. Aus einer der Kutschen schaut ihm die jüngere der beiden Damen zu.

»Sie hat eine gewisse Ähnlichkeit mit Marilis«, denkt Ludwig. Er weiß nicht, dass die junge Frau im selben Augenblick denkt: »Der junge Mann da draußen hat genau Ludwigs Haarfarbe. Er müsste jetzt auch ungefähr in dem Alter sein ...«

Ludwig ist bereits einige Tagereisen nach Osten gezogen. Die Nächte werden schon recht kalt, und er muss sehen, dass er abends immer in eine Siedlung kommt, wo er ein einfaches Quartier finden kann. Er wandert jetzt auf der befahrenen Straße, die bis nach Warschau, der Hauptstadt Russischpolens, führt. Diese Straße wird ihn auch nach Lodz bringen.

Viele Wirtshäuser unterwegs sind von Deutschen eingerichtet worden. Einmal hört er, dass darin ein deutsches Lied gesungen wird. Er möchte sich aber nirgendwo länger aufhalten, sondern so schnell wie möglich Lodz erreichen. Jetzt gibt es keine trennende Grenze mehr.

Eines Abends – die Dunkelheit bricht jetzt früh herein – beschließt er, hinter einem verlassenen, halb eingestürzten Haus am Straßenrand zu übernachten. Er hat sich auf die Angaben der Leute im letzten Dorf verlassen, dass er das nächste Dorf noch gut bei Tageslicht erreichen könne. Da er das Polnische nicht versteht, die Dorfbewohner aber des Deutschen nur unzureichend mächtig sind, hat es anscheinend Verständigungsschwierigkeiten gegeben. Er sorgt sich aber deswegen nicht weiter, sondern schiebt den Karren mit seinen Tauben an die Wand des Hauses mit dem eingestürzten Dach und bereitet sich aus den mitgebrachten Decken und einem Fell ein Lager daneben. Zu essen hat er genug bei sich. Nach dem Mahl streckt er sich auf dem Fell aus und deckt sich bis über die Ohren zu.

Er muss schon eine Weile geschlafen haben, da wird er plötzlich wach, weil er ein Geräusch vernimmt, das ihn an die trappelnden Hufe vieler Pferde erinnert. Tatsächlich, da reiten viele Leute vorbei. In der Dunkelheit kann er die Reiter nur schemenhaft erkennen. Es sind wohl an die zwanzig. Fast sind sie an ihm vorbei geritten, da ertönt ein lauter, ihm unverständlicher Ruf. Sofort halten alle die Pferde an, wenden und kehren zu ihm zurück.

Und jetzt geht alles ganz schnell. Die Reiter springen von den Pferden, laufen auf ihn zu, betasten den verdeckten Käfig, ziehen die Decke herunter, dass die Tauben erschreckt aufflattern. Ein freudiger Lärm entsteht unter ihnen. Offensichtlich sind die hageren Gestalten erfreut über die Tauben, die sie sich bereits in gebratenem Zustand vorstellen. Als Ludwig merkt, dass man ihm die Tauben stehlen will, schlägt er mit Fäusten auf die Kerle los. Aber er hat keine Aussicht auf Erfolg. Gegen zwanzig Gegner kann er sich nicht zur Wehr setzen. Sie halten ihn fest, durchsuchen seine Taschen, holen die flatternden Tauben aus dem Käfig, drehen einer jeden vor seinen Augen den Kopf herum und befestigen die toten Tiere am Sattel ihrer

Pferde. Fast jeder bekommt auf diese Weise einen Taubenbraten.

Noch einmal versucht Ludwig, die feigen Räuber anzugreifen, als sie im Sattel sitzen und losreiten wollen. Aber da zieht einer eine Peitsche und schlägt nach ihm. Der Riemen saust über seinen Rücken. Zum Glück hat Ludwig eine dicke Jacke an, sodass der Schmerz erträglich bleibt. In Windeseile reiten die Kerle davon.

»Das müssen die Kosaken gewesen sein, von denen sie mir an der Grenze erzählt haben. Warum bin ich nicht vorsichtiger gewesen?«, sagt Ludwig zu sich selbst. Als die Geräusche der trappelnden Hufe verklungen sind, umgibt ihn eine unheimliche Stille. Der böse Spuk ist vorbei, aber welche Zerstörung hat er angerichtet! Ludwigs Tauben, die von keinem Menschen jemals etwas Böses erfahren haben und deswegen zutraulich gewesen sind, haben die wüsten Kerle blitzschnell getötet. Es ist zum Verzweifeln! Womit soll er nun auf dem Weg seinen Lebensunterhalt verdienen?

»Gott, hältst du so deinen Vertrag mit mir?«, ruft er trotzig und enttäuscht in die Nacht hinein. Traurig wickelt er sich wieder in seine Decken und versucht zu schlafen, was ihm aber nicht gelingen will. Gegen Morgen fällt er noch einmal in einen tiefen Schlummer.

Die Sonne steht schon am Himmel, als er wach wird. Vielleicht hat ihn das Knirschen eines Pferdefuhrwerks vor dem Haus geweckt?

»Was ist denn hier geschehen?«, hört er jemanden fragen. Zwischen den blinzelnden Augenlidern hindurchspähend erkennt Ludwig einen großen Mann, offensichtlich den Kutscher. Er richtet sich auf.

»Ist Euch etwas zugestoßen?«, fragt der Fremde, nachdem er den umgestürzten Karren und den beschädigten Taubenkäfig betrachtet hat.

»Die Kosaken«, sagt Ludwig nur.

Der Fremde nickt verstehend. »Nachts muss man sich hierzulande in einem sicheren Gasthof befinden, sonst ... Aber das scheint Ihr ja am eigenen Leibe erfahren zu haben.«

Ludwig sagt müde: »Nicht nur meine Tiere haben sie geraubt, auch mein bisschen Geld und meine Papiere haben sie mitgenommen. Wie ich jetzt bis nach Lodz kommen soll, weiß ich nicht.«

»Aber ich! Lodz ist nämlich auch das Ziel meiner Reise. Also, setzt Euch zu mir auf den Kutschbock und fahrt mit!«

»Denkt daran, dass ich Euch nicht bezahlen kann.«

»Bezahlen? Pah! Meine Hilfe ist doch ohnehin unbezahlbar! Steigt auf, Landsmann. Lasst alles zurück, was Ihr nicht mehr braucht. Wir wollen keine Zeit verlieren.«

Während der Fahrt beobachtet Ludwig, dass auf der Straße viele Menschen unterwegs nach Lodz sind. Einige reisen auf Pferdefuhrwerken, andere ziehen Handkarren mit ihren Habseligkeiten hinter sich her, wieder andere tragen große Bündel auf dem Rücken und haben Kinder verschiedenen Alters bei sich. Das alles sind deutsche Landsleute, die den Aufrufen der Werber gefolgt sind, zur Arbeit nach Russischpolen zu kommen.

Ludwig wird beim Anblick der ärmlich gekleideten Umsiedler nachdenklich. Genauso arm wie ich aus meinem Heimatdorf fortgelaufen bin, komme ich jetzt wohl bald am Ziel an. Damals hatte ich nur eine gestohlene Wurst bei mir und die kleine Marilis. Ach, Marilis – wie alt sie jetzt wohl sein mag? Siebzehn Jahre muss sie zählen. Wie mag es ihr ergehen? Damals ist er fortgerannt, aber er hatte zuvor noch verstanden, dass der Pfarrer sie zu sich nehmen wollte. Und ein Pfarrer ist ein gütiger Mensch, wenn auch dieser Pfarrer seinerzeit gemerkt hatte, dass sie beide keine Heidenkinder waren. Nun ja, Pfarrer sind auch klug. Jedenfalls hatte er damals nur deswegen leichteren Herzens flüchten können, weil er Marilis gut versorgt hoffte. Denn er hatte nie vergessen, dass er seiner Mutter versprochen hatte, Marilis niemals im Stich zu lassen. Hatte er sein Versprechen gebrochen? Ob sie wohl noch manchmal an ihn dachte? Vielleicht war sie ja auch längst verheiratet.

Ludwig reist wie ein Bettelmann in Lodz ein. Außer der Kleidung, die er auf dem Leib trägt, nennt er lediglich drei Wolldecken und ein Schaffell sein eigen. Trotzdem wird seine Habe von einem Schreiber der Stadtverwaltung getreulich im »Seelenbuch« notiert. Die Frage nach seinen Ausweispapieren kann er nur damit beantworten, dass er vor knapp zwei Tagen von den Kosaken ausgeplündert worden sei und dass sie ihm auch alle seine Ausweispapiere gestohlen hätten. Der Fuhrmann, mit dem er in die Stadt gereist ist, bestätigt, dass er Ludwig ganz und gar ausgeraubt am Straßenrand aufgelesen habe.

Deshalb bekommt er schnell Ersatzpapiere, wobei er seinen Namen, seinen Geburtsort und Geburtstag selbst angeben muss. Mit diesem Ausweis in den Händen darf er in Lodz überall eine Arbeit beginnen.

Er schaut seinen neuen Pass an. »Wäre ich ohne Pass angekommen, dann hätte ich hier wohl nicht bleiben dürfen, um eine Arbeit anzutreten«, denkt Ludwig. »Die Ausplünderung der Kosaken hat dafür gesorgt, dass ich hier bleiben kann. Gott, du hältst den Vertrag, auch wenn ich das zuerst missverstanden habe.«

Quälende Mutterfreuden

Graf Tschernikoff hat seine Diener allesamt nach Hause auf seine Besitzungen geschickt. Er selbst hat sich zusammen mit seiner Gattin und der Gesellschafterin auf ein einsames Jagdschlösschen südlich von Warschau zurückgezogen. Die polnische Lohndienerschaft, die er für die Versorgung von Haus und Küche eingestellt hat, hält Marilis für seine Gattin und Valeska für deren Gesellschafterin.

Marilis ist nun hochschwanger und sieht der Niederkunft entgegen. Sie nimmt die Freundlichkeiten des Grafen und der Gräfin an, weiß aber, dass sie letztlich nicht ihr, sondern dem Kind gelten. Sie schenkt einem gesunden Sohn das Leben. Graf und Gräfin Tschernikoff sind überglücklich. Marilis muss sich abwenden, als sie die Freude des Paares mit ansieht.

Bis zur Ankunft einer Amme stillt sie ihr Kind selbst. Anfangs hatte sie den Kleinen nur wie eine Sache ansehen wollen, die sie eigentlich nichts angeht. Nun aber hat sie ihr Söhnlein an die Brust gelegt, ihm beim Trinken zugeschaut und dabei erschrocken gemerkt, dass sie es herzlich lieb gewonnen hat. Nein, sie will es nicht hergeben. Sie will ihr Kind behalten.

Gräfin Valeska umarmt sie immer wieder und dankt ihr dafür, dass sie sie zur glücklichsten Frau der Welt gemacht hat. Bald werde sie mit dem Kleinen die Familie ihres Gatten aufsuchen und den Erben vorzeigen, erzählt sie. Dem Jungen werde es an nichts fehlen. Eine erstklassige Bildung werde er erhalten und …

Marilis kann ihr nicht mehr zuhören, auch ihre Tränen kann sie nicht länger zurückhalten.

»Was ist dir, Liebes?«, fragt Gräfin Valeska erschrocken.

»Ach, es ist mir alles so schwer. Ich möchte mein Kind so gern behalten, aber ich weiß, dass es nicht geht.«

»Du bist noch geschwächt und deshalb sensibel. Das wird sich bald bessern. Und mein Gatte wird dich reichlich entlohnen.«

»Aber, liebe Gräfin, ein Kind kann in Gold doch gar nicht aufgewogen werden. Was nützt alles Gold, ich möchte lieber das Kind.«

»Nun höre mir einmal gut zu«, die Stimme der Gräfin wird

energisch. »Du sagtest soeben: Was nützt alles Gold? Genau das habe ich auch erfahren. Mein Reichtum hat mir die Mutterfreuden nicht schaffen können. Das hast du nun stellvertretend für mich getan, und ich bin dir sehr dankbar dafür. Aber bedenke auch: Du bist jung und kannst noch viele Kinder haben, während ich nur ein Kind habe, nämlich dein Kind.«

Marilis schweigt. Die Gräfin hat Recht. Und doch …

In der Frühe eines der folgenden Tage schleicht sie sich aus dem Haus. Gestern ist die Amme eingetroffen, die nun das Kind stillen und versorgen wird. Das will sie nicht mit ansehen. Sie hat einige Kleider, ihren Schmuck und einiges Kleingeld in eine Tasche gepackt. Den Schmuck wird sie verkaufen und mit dem Erlös einige Zeit leben können, bis sie eine passende Anstellung gefunden hat. Den Lohn des Grafen möchte sie nicht haben. Auch wenn sie ihr blondlockiges Söhnlein niemals wiedersehen wird: Sie will nicht das Gefühl haben, dass sie ihr Kind verkauft hätte.

Einige Zeit läuft sie an der nahen Straße entlang. Ein Fuhrwerk fährt vorüber. Der Kutscher staunt nicht schlecht, dass eine so vornehm gekleidete junge Frau sich hier zu Fuß auf der staubigen Straße fortbewegt.

Er spricht sie auf Polnisch an, was Marilis aber nicht versteht. Die einladenden Gesten, auf den Kutschbock zu steigen und mit ihm zu fahren, sind aber auch ohne Worte verständlich. Der Kutscher versteht auch ein paar Brocken Deutsch, und Marilis macht ihm klar, dass sie versuchen will, eine größere deutsche Ansiedlung zu erreichen. Er verweist sie auf die nahe gelegene Stadt Lodz, wo viele Deutsche inzwischen leben und arbeiten.

Anfangs wiederholt der freundliche Kutscher immer wieder den Namen der Stadt in polnischer Sprache. Dann klingt er wie »Wudsch«. Unter diesem Namen kann Marilis sich gar nichts vorstellen. Es dauert einige Zeit, bis sie begriffen hat, dass »Wudsch« dasselbe ist wie Lodz. Zum Glück hat der Kutscher einige Male deutsche Handwerksburschen den Namen der Stadt nennen hören und kann sich daran erinnern, wie Deutsche ihn aussprechen. Lodz, so fällt es Marilis ein, das war doch auch der Name der Stadt, in die Ludwig mit ihr reisen wollte, weil man dort angeblich reich werden konnte. Sie zeigt dem Kutscher ihr Geld, und der ist gerne bereit, sie dafür nach Lodz zu bringen.

Auch Marilis muss sich als Einwanderin ins »Seelenbuch« der Stadt eintragen lassen. Hätte sie darin blättern dürfen, wäre ihr womöglich aufgefallen, dass Ludwigs Name bereits darin steht. So aber wähnt sie ihn weit weg im Hessenland.

Sie sucht den Pastor der evangelischen deutschen St. Trinitatis-Gemeinde auf und fasst Vertrauen zu ihm. Ohne einen Namen zu nennen, erzählt sie ihm ihre Lebensgeschichte.

Der Seelsorger macht ihr einen Vorschlag. Es gibt in der Stadt zwar einige Schulen für deutsche Kinder, aber eine richtige Mädchenschule bisher noch nicht. Vielleicht könnte man die Eltern der deutschen Mädchen, die zum Teil überhaupt keine Schule besuchen, dafür gewinnen, eine Schule für ihre Töchter zu gründen? Sie, Fräulein Balzer, könnte den Unterricht für die Mädchen übernehmen. Reichtümer würden sich damit sicher nicht erwerben lassen, aber sie hätte wenigstens ihr Auskommen. Diese Idee sei in der Kirchengemeinde schon mehrmals zur Sprache gekommen, bisher hätte es aber an einer geeigneten Lehrkraft gefehlt. Sie sei doch wie geschaffen für eine solche Schule!

Marilis überlegt nicht lange. Sie sagt zu, sucht sich mit Hilfe des Geistlichen und seiner Gattin ein Quartier bei einer deutschen Familie, die einen kleinen Handel mit Lebensmitteln und Artikeln des täglichen Bedarfs unterhält, und beginnt kurz darauf ihre private Mädchenschule. Sechs Schülerinnen im Alter von sieben bis dreizehn Jahren werden in einem beheizbaren großen Raum unterrichtet, der von einer alten Scheune abgeteilt wurde. Schon bald nehmen weitere Mädchen am Unterricht teil, sodass die Zahl auf dreiundzwanzig anwächst.

Fräulein Balzer widmet sich ihrer Aufgabe voller Hingabe. Regelmäßig besucht sie den Gottesdienst der St. Trinitatis-Gemeinde. Unverheiratete Frauen sind dort sehr selten, während junge Männer im heiratsfähigen Alter den größten Teil der Gemeinde ausmachen. Mancher von ihnen schaut die blonde Frau mit dem ernsten Gesicht heimlich an und findet Gefallen an ihr. Aber da Marilis so vornehme Kleider trägt, die alle noch aus ihrer Zeit bei Gräfin Valeska stammen, wagt niemand der einfachen Handwerker, die schöne Lehrerin anzusprechen.

In der neuen Heimat

Endlich am Ziel seiner Wünsche! Ludwig läuft durch die Straßen von Lodz. Hier, so hatte damals der Werber des Zaren gesagt, gäbe es Arbeit für jeden, und jeder könne hier reich werden. In seiner Fantasie ist Lodz mit der Zeit immer herrlicher, immer größer und prunkvoller geworden.

Die Wirklichkeit ernüchtert ihn sehr. Zweifellos ist die Stadt groß geworden, weil viele Menschen sich dort angesiedelt haben. Im Vergleich zu den hessischen Kleinstädten mit den schönen Fachwerkhäusern ist Lodz aber eine hässliche Siedlung. Viele Häuser sind so gebaut, um den Anforderungen des Weberhandwerks zu genügen: Kommt man zur Haustür herein, befindet sich rechts die Wohnküche der Familie mit einem großen Herd, auf dem immer gerade eine Mahlzeit köchelt. Darüber liegen die Schlafräume der Eltern und Kinder. Links unten geht es in einen großen Raum mit mehreren Webstühlen, an denen der Meister und seine Gesellen arbeiten. Die Webergesellen, die in der Familie auch verköstigt werden, schlafen in den Kammern über der Werkstatt auf der linken Seite des Hauses.

Hinter dem Haus liegt gewöhnlich ein großer Gemüsegarten; manchmal ist darin ein Schweinekoben zu finden, in dem ein oder zwei halbwüchsige Jungschweine dem Schlachttag im Dezember entgegenwachsen. Hühner in großer Zahl werden von jeder Familie gehalten.

In einem hat der Werber Recht gehabt: Arbeit gibt es in Lodz tatsächlich; das Weberhandwerk blüht. Aus jedem zweiten Haus im Weberviertel ist das regelmäßige, durchdringende Klappern der Webstühle herauszuhören. Aufs Geratewohl fragt Ludwig in einigen Betrieben nach, ob er dort als Webergehilfe arbeiten könne. Fast immer wird zurückgefragt: »Kennt Ihr Euch mit der Weberei aus?« Wenn er dann zugeben muss, dass er zwar keine Ahnung davon hat, aber sehr lernwillig ist, wird er höflich, aber bestimmt fortgeschickt. Man könne sich nicht die Zeit nehmen, ihn jetzt anzulernen, weil man gerade so viele Aufträge habe. Man brauche jemanden, der das Weberhandwerk bereits beherrsche, einen, den man vor den Webstuhl setzen könne und der dann in der Lage sei, fleißig zu weben. Später im Jahr vielleicht könne er noch einmal nachfragen.

»Lieber Gott«, betet Ludwig, »du weißt doch, wie arm ich dran bin, nachdem ich meine Tauben nicht mehr habe und mir die Kosaken auch mein Geld abgenommen haben. Unser Vertrag sagt, dass ich mich ganz auf dich verlasse, und du im Gegenzug für mich sorgst und mir Wege eröffnest. Was ist dein Weg für mich?«

Dieses Gebet spricht Ludwig zwischen zwei neu erbauten Häusern auf einer Wiese, wo er sich niedergelassen hat, um sich auszuruhen. Er lauscht in sich hinein. Wird ihm auf diese Art eine Weisung Gottes zuteil? Bei den Herrnhutern hat man es oft so gehalten, um den Willen Gottes zu erkunden.

Ludwig lauscht. Und ganz leise hört er plötzlich: »Seife! Du kannst Seife herstellen.«

Ist das jetzt eine Eingebung Gottes gewesen? Oder hat er sich das selbst gesagt? Eins jedenfalls steht fest: Er weiß wirklich, wie man Seife macht. Oft genug hat er seiner Mutter geholfen, wenn sie aus Natron und billigem Unschlitt, dem Schafsfett, Seife kochte und in kleine Schalen goss, in der die Seifenmasse erstarrte. Er erinnert sich, dass die Seifenstücke dann noch etwa zwei Wochen lang reifen müssen, bis man sie gebrauchen kann.

In einer Stadt, wo so viele Menschen wohnen – ist da der Bedarf an Seife nicht groß? Ludwigs Plan steht fest. Er wird Seife herstellen und verkaufen. Aber wo soll er eine Seifenküche einrichten? Gibt es irgendwo einen Raum zu mieten, in dem sich ein Herd befindet? Aber wenn er einen solchen Raum gefunden hat, dann fehlt ihm immer noch das Geld, um die Miete zu bezahlen …

Er fragt sich zu dem Geistlichen der St. Trinitatis-Gemeinde durch. Dem freundlichen Mann erzählt er, dass er einige Zeit in Herrnhut verbracht habe. Darüber freut sich der Seelenhirt, denn er selbst kennt Herrnhut von einigen Tagungen her, an denen er als junger Mann teilgenommen hat. Ludwig muss ihm berichten, wer ihm dort begegnet sei, ob sich im Ort in letzter Zeit viel verändert habe und ob dort immer noch so schön gesungen werde.

Endlich kann Ludwig sein Anliegen vorbringen. Der Geistliche horcht interessiert auf. Ja, Seife müsste sich gut verkaufen lassen. Schon manchmal habe er erlebt, dass in den kleinen Läden über einen längeren Zeitraum keine Seife zu erhalten war.

Ludwig erzählt, dass er seit der Ausplünderung durch die Kosaken über keinerlei Bargeld mehr verfüge, dass seine Barschaft für ein solches Vorhaben aber sowieso nicht ausgereicht hätte, auch wenn die Kosaken nicht über ihn hergefallen wären.

Die Ehrlichkeit des jungen Fremden nimmt den Pfarrer für ihn ein. »Ich denke, ich kann Euch behilflich sein. Bei der Suche nach einem geeigneten Raum mit einem Herd dürfte es schwierig werden, denn Wohnraum ist knapp in Lodz, wo jeden Tag Menschen zuwandern. Vielleicht«, so überlegt der Pfarrer weiter, »vielleicht geht es in einem Weberhaus hinten im Garten, wo manchmal kleine Ställe sind. Darin könntet Ihr beginnen.«

»Aber ich müsste auch etwas Geld haben, um Fett und Natron, einen Kessel und Geräte zum Ausschöpfen zu kaufen. Und dann müsste ich für die Seife Formen aus Holz machen lassen.«

»Euer Startkapital müsste Euch eine solide Bank leihen. Ich werde meinen Einfluss geltend machen, dass Ihr gut beraten und bedient werdet. Kommt morgen gegen neun Uhr zu mir, dann will ich mit Euch eine Bank aufsuchen, die Euch Kapital zu günstigen Bedingungen borgt.«

Ludwig kann sich kaum fassen vor Freude. Den ganzen Abend läuft er in der Stadt herum, um sie besser kennen zu lernen. Er verbringt die Nacht auf einer Bank. Obwohl er sich in seine Decken und das Fell eingewickelt hat, kann er vor Kälte und Aufregung kaum ein Auge zutun.

Am nächsten Morgen schimpft der Pfarrer ihn tüchtig aus, weil er ihm nicht erzählt hat, dass er ohne Quartier ist. »Ihr hättet doch bei mir übernachten können. Solch ein Unverstand. Bleibt dieser Mann über Nacht draußen auf einer Bank! Habt Ihr wenigstens schon gefrühstückt?« Als Ludwig verneint, ruft der Pfarrer nach seiner Gattin und bittet sie, dem jungen Fremden ein gutes Frühstück vorzusetzen.

In Begleitung und unter dem Schutz des deutschen Pfarrers betritt Ludwig bald darauf ein Bankhaus. Der Bankier, ein Mitglied der St. Trinitatis-Gemeinde, erklärt sich bereit, Ludwig ein kleines Startkapital zur Verfügung zu stellen. Allerdings wolle er, dass Ludwig sich einen geeigneten Raum für die Seifensiederei suche. Dann möchte der Bankier Ludwigs Ausweispapiere sehen.

»Sie sind Neubürger mit russischem Pass«, sagt der Bankier zufrieden. »Dann steht einer Beleihung gar nichts entgegen.«

Ludwig wird deutlich, dass er ohne die Ausplünderung durch die Kosaken keine Ausweispapiere erhalten hätte und dann auch niemals einen Kredit hätte aufnehmen können. »Gott, du bist doch ein verlässlicher Vertragspartner«, betet er.

Es findet sich ein stabiler Schuppen, in dem ein Herd eingerichtet werden kann. Hier wird Ludwig Seife herstellen. Ein kleiner Verschlag im Schuppen wird ihm als Schlafstelle dienen. Der Bankier nimmt alles in Augenschein, ist sehr zufrieden und leiht Ludwig das Geld für die Ausstattung und das Rohmaterial.

Ludwig ist es gewohnt, mit wenig auszukommen, und so kauft er den Kessel, die Schöpfkellen und ein einfaches Bett beim Trödler. Die Formen, in die er die flüssige Seifenmasse gießen will, muss ein Holzschnitzer anfertigen. Etwas umständlich ist die Beschaffung von Natron, aber es gelingt mit Hilfe eines Dolmetschers.

Am Anfang stellt der angehende Seifensieder nur kleine Mengen von Kernseife her, um erst einmal zu probieren und zu experimentieren. Das Ergebnis ist ermutigend. Ludwigs Seife weist alle Eigenschaften auf, die Seife haben muss: Sie sieht ansprechend aus und schäumt gut, wenn man sie in feuchtem Zustand zwischen den Händen reibt. Außerdem hat seine Seife eine weitere gute Eigenschaft, sie lässt sich nämlich gut verkaufen. Das merkt Ludwig, wenn er samstags auf dem Markt steht. Mit seinen Preisen bleibt er ein wenig unter denen in den Geschäften. Dabei verdient er immer noch recht gut.

Nun stellt er Seife in größeren Mengen her und experimentiert auch mit Farb- und Geruchsstoffen. Bald hat er neben der einfachen Kernseife auch duftende und schön geformte Seifenstücke im Angebot. Ein Holzschnitzer hat für ihn Holzmodel angefertigt, in denen hübsche Blumenverzierungen eingeschnitzt sind. Die Seifenstücke sind dadurch auf der Oberseite mit Rosengirlanden verziert.

Eines Sonntags sieht Ludwig in der Kirche eine ernste, vornehm gekleidete junge Frau, die ihn an Marilis erinnert. Hat er sie nicht irgendwo schon einmal gesehen? Aber vielleicht täuscht er sich auch. Er spürt, dass sie ihn anschaut. Peinlich berührt vom Blick der vornehmen Frau wendet er seinen Kopf ab.

Nach dem Gottesdienst versucht er beim Verlassen des Versammlungsraumes in ihre Nähe zu gelangen, um sie genauer zu betrachten. Die Vornehme spricht mit einem Mädchen, das sie offensichtlich kennt. Ludwig erfährt, dass sie Lehrerin an der privaten deutschen Mädchenschule ist. Grüßend zieht er seinen Hut vor ihr. Als er an ihr vorbeigegangen ist, sieht er sich noch einmal verstohlen um: Hat sie nicht gerade nach ihm den Hals gereckt?

Die schöne Fremde verfolgt ihn bis in die Träume, dabei weiß er nicht einmal ihren Namen. Aber das ist eigentlich nichts Ungewöhnliches bei ihm. Er kannte weder den richtigen Namen der Puri dai, noch den des Pfarrers, der herausbekam, dass er kein Heidenkind war. Er kannte auch den Namen des Jungen nicht, der ihm damals half, die Tinktur der Zigeuner vom Körper abzuwaschen. Er kannte eigentlich nicht einmal den richtigen Nachnamen von Marilis, die im Dorf immer nur »Hannesse Marilis« genannt worden war.

Schnell bringt er in Erfahrung, dass die Lehrerin »Fräulein Balzer« heißt. Ein Mann seines Alters erzählt ihm außerdem, dass Fräulein Balzer schon einige Anträge honoriger Herren abgelehnt habe, weil sie aus persönlichen Gründen keinen Ehebund eingehen könne. Das lässt Ludwig zurückschrecken, und er versucht, Fräulein Balzer aus seinen Gedanken zu verbannen.

Aber dann steht sie eines Tages auf dem Markt vor ihm, um

ein Stück Seife zu erstehen. Ludwig ist so gefesselt von ihrer Schönheit und ihrem Liebreiz, dass er kaum reden kann. Der ganze Tag erscheint ihm durch ihren Anblick verschönt. Die junge Lehrerin, so hat er festgestellt, ist so natürlich und freundlich, wie er noch niemals ein Mädchen kennen gelernt hat. Eindeutig – er hat sich verliebt!

»Hoffentlich merkt sie nichts davon ... Aber es wäre zu schön, wenn sie es doch merkte und vielleicht ...«

Ludwigs Seifenfabrikation wird ein voller Erfolg. Er beliefert inzwischen die kleinen Geschäfte, außerdem hat er einen Großhändler gefunden, der Ludwigs Seife in großer Stückzahl nach Warschau bringen will, um sie dort den Kaufleuten anzubieten. Er arbeitet unermüdlich, lässt weitere Holzmodel fertigen, um noch mehr Seife gleichzeitig herstellen zu können. Den Kredit kann er pünktlich zurückzahlen, eine Tatsache, die seinen Bankier dazu veranlasst, vor ihm auf der Straße den Hut zu ziehen.

Als er dann von seinem Großhändler Bestellungen mit hoher Stückzahl bekommt, trägt er sich mit dem Gedanken, einen größeren Raum zu mieten und vielleicht einen Gehilfen einzustellen. Er staunt über sich selbst: Er, der Gaukler mit den Tauben, gebärdet sich wie ein kleiner Fabrikant. Aber dann verwirft er den Gedanken erst einmal wieder. Mit viel Energie können die Großaufträge auch in dem kleinen Schuppen bewältigt werden.

Obwohl er äußerlich ganz bescheiden lebt, hat er sich ein Bankkonto eingerichtet. So etwas ist ganz neu für ihn. Das Gefühl, ein »Polster« aus guten Rubeln, dem hier gültigen Geld, im Rücken zu haben, ist einfach beruhigend. Es stimmt ihn dankbar. Dankbar gegenüber seinem Vertragspartner.

Den fragt er immer öfter jetzt im Gebet: »Soll ich mich um Fräulein Balzer bemühen? Willst du, dass sie meine Frau wird?«

Feuer

Mittwochs am Vormittag beliefert Ludwig üblicherweise die kleinen Geschäfte der Stadt mit seiner Seife. Er hat sich einen einfachen Handkarren zugelegt, den er mit seinen Produkten belädt. Damit zieht er von Geschäft zu Geschäft, liefert die Seife ab und kassiert sein Geld, das ihm die kleinen Kaufleute immer erst dann bezahlen, wenn sie die Vorräte an Seife verkauft haben, die Ludwig beim letzten Mal geliefert hat. Er fährt eine genau festgelegte Route ab, die sich als die schnellste und kürzeste erwiesen hat.

An diesem Mittwoch weicht er jedoch von seiner Route ab – warum, das weiß er selbst nicht so genau. So kommt er an dem alten polnischen Gehöft vorbei, in dessen Scheune die private Mädchenschule von Fräulein Balzer untergebracht ist. Die Scheune wird auf einer Seite noch landwirtschaftlich genutzt, dort ist Stroh und Heu gelagert. Der Schulraum wurde von der restlichen Scheune abgeteilt, wobei einige Fenster in die Wand eingebaut wurden, damit die Kinder genügend Licht haben. Gegen die Kälte im Winter wurde ein Ofen aufgestellt, dessen Rauch durch ein Ofenrohr geradewegs nach oben durch das Scheunendach abgeleitet wird.

Beim Passieren der Scheune hält Ludwig Ausschau nach der Lehrerin. Natürlich weiß er ganz genau, dass er sie nicht sehen kann, denn sie ist ja in ihrem Schulraum beschäftigt. Trotzdem könnte sie ja vielleicht gerade zufällig aus dem Fenster … Aber nein, Ludwig ist enttäuscht. Es riecht nach Holzrauch. An diesem nebligen, kühlen Tag haben die Leute bereits Feuer in ihren Öfen angezündet.

Ludwig hat sich mit seinem Handkarren schon ein gutes

Stück von der Schule entfernt, als er plötzlich laute Rufe vernimmt. Aus der Richtung, von wo er eben gekommen ist, ruft jemand: »Hilfe! Feuer! Hilfe! Es brennt!«

In der Tat: Der Brandgeruch, der ihm jetzt in die Nase steigt, kann nicht nur aus den Schornsteinen der umliegenden Häuser kommen. Ludwig lässt seinen Karren stehen und hastet zurück. Dichte Qualmwolken ziehen aus der Scheune.

»Hilfe, Feuer in der Schule! Die Mädchen können nicht heraus.«

Die Scheune brennt! Jetzt sieht er schon Flammen aus dem Dach schlagen. So schnell ist er noch nie gelaufen! Die Eingangstür zur Scheune und damit auch zur Schule ist nicht mehr passierbar, weil dort brennendes Stroh von oben herabstürzt. Er blickt durch die Fenster, die ebenerdig sind. Die verstörten Mädchen versuchen, die Fenster zu öffnen, was ihnen aber nicht gelingt, da die Fenster nur kleine Oberlichter haben, die für die Frischluftzufuhr ausreichen.

Ludwig sucht ein Holzscheit, schleppt es herbei und schlägt die Scheiben eines Fensters ein. Das Glas fällt klirrend zu Boden, aber einige Stücke bleiben mit spitzen Zacken im Fensterrahmen stecken. Ludwig klettert durch das zerschlagene Fenster nach innen und hebt die Mädchen nacheinander aus dem Fenster hinaus.

»Lauft weit weg, bleibt nicht neben dem Haus stehen!«, ruft er dabei immer wieder. Höchste Eile ist geboten, denn das brennende Dach kann in jedem Augenblick einstürzen. Die Lehrerin beruhigt die aufgeregten Mädchen und versucht Ludwig beim Heben der Kinder zu helfen. Weil bei den Mädchen immer wieder die Kleider an den messerscharfen Glasstücken im Fensterrahmen hängen bleiben, schlägt Ludwig die Glasreste mit der Faust heraus. Dabei verletzt er sich beträchtlich an der Hand. Er achtet aber nicht darauf, weil das Prasseln des brennenden Strohs immer lauter wird. Fräulein Balzer ist die letzte, die vor ihm aus dem Fenster klettert. Jetzt ist es höchste Zeit, beißender Rauch macht das Atmen kaum mehr möglich. Der Brand hat die Zimmerdecke bereits teilweise zerstört. Verdächtig laut kracht das Gebälk.

Ludwig nimmt Anlauf und springt mit dem Kopf voran aus dem Fenster. Hilfreiche Hände fangen ihn auf und bringen ihn aus der Gefahrenzone. Wenige Augenblicke später stürzt mit gewaltigem Krachen das ganze Gebäude ein.

Fräulein Balzer zählt nervös ihre Schülerinnen. Gottlob, alle sind draußen und – abgesehen von ein paar Schürfwunden – auch unversehrt. Ludwig hat sich bei dem Hechtsprung aus dem Fenster eine tiefe Schnittwunde am rechten Oberschenkel zugezogen. Er blutet stark. Die Lehrerin umwickelt den Schenkel fest mit ihrem Schultertuch, um die Blutung zu stillen.

Viele Menschen haben sich eingefunden, um das schauerlichschöne Spektakel des Brandes mit anzusehen. Natürlich sind auch die Mütter, deren Töchter die Mädchenschule besuchen, voller Angst herbeigestürzt. Sie schließen ihre Kinder dankbar in die Arme. Als Fräulein Balzer die Mädchen in sicherer Obhut weiß, wendet sie sich wieder Ludwig zu. Offenbar hat jemand zwischenzeitlich einen Arzt gerufen, der sich um Ludwigs Verletzung kümmert.

Da Fräulein Balzer den Arzt sofort wegen der Verletzung befragt, hält er sie für die Ehefrau des Patienten. Er ordnet an: »Bringt Euren Gatten sofort nach Hause zu Euch. Dort will ich die Wunde versorgen und ihm einen richtigen Verband anlegen.«

»Er ist nicht mein Gatte«, sagt Fräulein Balzer.

»Wer ist das denn überhaupt, und wo wohnt er?«, erkundigt sich der Arzt. Niemand kennt Ludwig, bis eine Frau plötzlich meint: »Ist das nicht der junge Seifensieder, der mit seiner Seife samstags immer auf den Wochenmarkt kommt?«

»Ja, das ist er«, bestätigt Fräulein Balzer. »Und soviel ich weiß, hat er keine Angehörigen hier. Er lebt ganz allein.«

»Er kann jetzt aber nicht allein bleiben, weil er Pflege braucht. Er wird einige Tage hoch fiebern. Da kann man ihn unmöglich allein lassen.«

»Ich gehe mit und pflege ihn«, sagt Fräulein Balzer. »Schließlich hat er die Kinder und mich aus dem brennenden Haus gerettet.«

Einige Helfer bringen eine Trage und legen den jungen Mann darauf. »Wohin sollen wir Euch bringen?«, fragen sie. Ludwig murmelt die Anschrift seiner Wohnung. Kurz darauf scheint er das Bewusstsein verloren zu haben, denn als sie ihn auf sein Bett legen, gibt er keinen Laut mehr von sich. Fräulein Balzer und der Doktor sind dem Verwundeten gefolgt. Nachdem einige Helfer ihm vorsichtig die Beinkleider ausgezogen haben, schaut der Arzt sich die Wunde an.

»Es ist eine Fleischwunde. Zum Glück sind größere Blutgefäße nicht zerstört. Der junge Mann wird sich bald wieder erholen.« Nachdem er einen Verband angelegt hat, empfiehlt er sich. Er werde jeden Tag kommen und nach der Wunde sehen.

Auch die andern Helfer verlassen das Haus. Fräulein Balzer bleibt zuletzt allein mit dem Patienten, der eingeschlafen ist, sich dabei aber unruhig hin und her wälzt. Irgendwann bringt jemand Ludwigs Handkarren. Man hat ihn am Straßenrand gefunden, wo Ludwig ihn hat stehen lassen. Am Nachmittag kommen der Pfarrer und seine Frau, um nach dem Retter der Kinder zu sehen. Die Pfarrfrau hat einen Topf mit Suppe mitgebracht, um den Kranken und seine Pflegerin zu stärken. Sie sorgt denn auch dafür, dass eine richtige Krankenschwester gerufen wird, die Fräulein Balzer bei der Pflege des jungen Mannes zur Hand geht.

Am Abend erwacht der Kranke. Er hat starke Schmerzen in seiner Wunde, aber die lassen sich gut ertragen, denn es ist ja Fräulein Balzer, die ihm ein wenig Suppe einflößt. In der Nacht bekommt der Patient hohes Fieber. Fräulein Balzer weicht nicht von seinem Lager und verbringt die Nacht auf einem Stuhl neben seinem Bett sitzend.

Am nächsten Morgen kommt der Arzt, verordnet ein Schlaf- und Fieberpulver, das Ludwig ruhig schlafen lässt. Auch seine Pflegerin kann sich nun ein wenig ausruhen, weil die Krankenschwester sie abgelöst hat. In ihren Kleidern legt die Lehrerin sich in Ludwigs Werkstatt schlafen. Kaum ist sie etwas eingenickt, da wird an ihrer Schulter gerüttelt. Sie öffnet die Augen, benötigt einen Augenblick, um zu wissen wo sie sich befindet, richtet sich auf und erkennt den Pfarrer.

»Fräulein Balzer«, ruft er möglichst leise, »Fräulein Balzer, wacht auf. Es ist ein Paket anonym für Euch abgegeben worden. Ich denke, der Inhalt ist von großer Wichtigkeit für Euch.«

Die so Angeredete richtet sich auf. Wer soll ihr denn ein Paket schicken? Es kennt doch niemand ihren Aufenthaltsort. »Das muss ein Irrtum sein«, mutmaßt sie.

»Aber Euer Name steht doch darauf«, widerspricht der Pfarrer.

»Nun gut, dann bleibt aber bitte bei mir, wenn ich das Paket öffne. Anonyme Dinge sind mir ... immer verdächtig.«

Sie schneidet die Kordel um das sorgsam verschnürte Paket auf. Als sie die Verpackung entfernt hat, findet sie eine kurze Notiz: »Ihr habt uns einen gewaltigen Schrecken eingejagt, als Ihr uns so plötzlich verließt. Ihr habt uns dadurch die Möglichkeit genommen, unsere Schuld zu tilgen. Das soll nun erfolgen, nachdem es uns gelungen ist, Euren Aufenthaltsort ausfindig zu machen. Nehmt Euer Eigentum an! Unser Sohn gedeiht prächtig und ist der Stolz seiner vier Großeltern geworden.«

Fräulein Balzer ist das Blut in den Kopf geschossen. »Genau das wollte ich nicht!«, sagt sie zu dem Pfarrer. »Was soll ich nun tun?«

»Tut, was in dem Brief steht: Nehmt Euer Eigentum an!«

»Aber es ist sehr viel Geld.«

»Nehmt Euer Eigentum an! Ihr werdet schon herausfinden, wie Ihr es verwenden sollt.«

Noch eine Nacht verbringt Fräulein Balzer am Bett des Kranken, der zwischendurch immer wieder im Fieberwahn redet. Als er dann – geschwächt, aber bei klarem Verstand – aufwacht, kann er es vor Freude kaum fassen, dass die geliebte Frau noch immer an seinem Bett sitzt.

»Das kann ich Euch nie vergelten, dass Ihr mich nicht allein gelassen habt.«

»Ach, das habt Ihr mir schon lange vergolten ...«

»Wie meint Ihr das?«

»Lasst mich einfach erzählen: Ein Junge aus einem kleinen Dorf im Taunus fuhr seine Mutter auf dem Ziegenkarren nach Gießen zur leider ganz erfolglosen Operation. Er sorgte für ein kleines Mädchen, das später bei den Zigeunern den Namen Sorka erhalten würde. Ihn selbst nannten die Zigeuner Iliko. Nachdem ein Werber von den Möglichkeiten in der aufstrebenden Stadt Lodz erzählte, fasste der Junge den Plan, mit dem Mädchen nach Lodz zu gehen, um da Arbeit und ein Auskommen zu finden. Die Kleine hat sich immer ausgemalt, wie das sein würde, wenn sie beide einmal ein eigenes Haus mit Garten hätten ...«

Ludwig richtet sich im Bett auf. »Das alles habe ich im Fieberwahn erzählt?«, fragt er entgeistert.

»Einiges schon, aber nicht alles. Hört weiter: Eines Tages, es war der Tauftag eines Zigeunerkindes, wurden die beiden getrennt und haben sich jahrelang nicht gesehen. Aber jetzt ...«

»Marilis«, schreit Ludwig da. »Marilis, bist du es wirklich? Du, die vornehme Lehrerin?«

»Ach, Ludwig, mit der Vornehmheit, das ist so eine Sache. Aber erzähl mir doch, wie es dir ergangen ist!«

Ludwig berichtet in knappen Worten, was er erlebt hat.

»Und nun du«, fordert er Marilis auf. »Lass mich wissen, was du erlebt hast!«

Marilis berichtet alles. Auch das, was man ihr abgefordert hat.

»Ich hätte dich nicht im Stich lassen sollen, damals, als ich weglief. Aber ich hatte Angst vor der Besserungsanstalt. Ich bin schuld, dass du so schlimme Dinge erdulden musstest.«

»Ach, Ludwig ...«

»Und malt die Kleine von damals sich immer noch aus, wie schön es wäre, wenn wir zusammen ein Haus mit einem Garten hätten?«

»Gilt denn dem Großen von damals noch immer, dass er die Kleine niemals im Stich lassen wird?«

»Es gilt.«

»Und die Kleine will jetzt erst recht ein Haus mit einem Garten haben, aber nur mit dem Großen von damals darin.«

»Da heißt es aber noch schön geduldig sein. Um an dieses Ziel zu kommen, muss noch manches Stück Seife hergestellt und verkauft werden.«

»Nein Ludwig, du einstmals ›lieber großer Bruder‹, und jetzt ›du lieber Mann‹: dieses Ziel ist greifbar nahe, denn ich habe so viel Geld bekommen, dass wir ein Haus bauen können und du auch eine größere Werkstatt einrichten kannst.«

»Woher weißt du denn, dass meine Werkstatt zu klein ist?«

»Auch das hast du mir in der vergangenen Nacht verraten.«

»Das war aber noch mein Geheimnis.«

»Ein Mann sollte keine Geheimnisse vor seiner Frau haben«, lacht Marilis und verschließt Ludwig mit einem langen Kuss den Mund.

Heinz-Lothar Worm

Klara und Katharina

Schulzes Anna und ihre Töchter

160 S., gebunden,
ISBN 3-7655-1870-0

Großdruck-Ausgabe

Erste Anzeichen einer Lungentuberkulose machen sich bei Klara bemerkbar. Ihre Ehe mit Christian ist – trotz der tiefen Liebe zueinander – von viel Leid geprägt. Der Erste Weltkrieg fordert Opfer im Verwandtenkreis, schwere Krankheitsepidemien bringen große Not über die Familie. Die wahre Geschichte einer tapferen jungen Frau, die trotz vieler Schicksalsschläge ein Ja zu ihrem Lebensweg findet.

BRUNNEN VERLAG GIESSEN
www.brunnen-verlag.de

Heinz-Lothar Worm (Hrsg.)

Das Brautpaar im Backtrog

... und andere Liebesgeschichten aus alter Zeit

144 S., gebunden,
ISBN 3-7655-1923-5

Andrees und Anna sind das schönste Liebespaar im Dorf, das wissen alle. Nur Andrees' Vater will den beiden seinen Segen nicht geben, denn Anna hat viele Geschwister und nur eine kleine Mitgift. Doch die jungen Leute sind überzeugt, dass man mit Wagemut weiter kommt als mit Jammern und Klagen. Und wirklich: Ein alter Brauch im Dorf verhilft ihnen zum lang ersehnten Glück ...

Heinz-Lothar Worm hat warmherzige Liebesgeschichten aus alter Zeit zusammengestellt.

BRUNNEN VERLAG GIESSEN
www.brunnen-verlag.de